Reformatorische Einsichten zum Verhältnis von Theologie, Politik und Wirtschaft

Perspektiven aus der weltweiten Ökumene

DOKUMENTATION 61/2016

LUTHERISCHER
WELTBUND

Reformatorische Einsichten zum Verhältnis von Theologie, Politik und Wirtschaft
Perspektiven aus der weltweiten Ökumene

Herausgegeben von:
Anne Burghardt und Simone Sinn

EVANGELISCHE VERLAGSANSTALT
Leipzig

Bibliografische Informationen der Deutschen Nationalbibliothek

Die Deutsche Nationalbibliothek verzeichnet diese Publikation in der Deutschen Nationalbibliografie; detaillierte bibliografische Daten sind im Internet über dnb.dnb.de abrufbar.

Printed in Germany

Das Buch wurde auf FSC-zertifiziertem Papier gedruckt.

Coverbild: LWB
Redaktionelle Verantwortung: LWB-Abteilung für Theologie und Öffentliches Zeugnis
Übersetzung aus dem Englischen: Dr. Wolfgang Neumann
Satz und Textlayout: LWB-Büro für Kommunikation/Abteilung für Theologie und Öffentliches Zeugnis
Gestaltung: LWB-Büro für Kommunikation/EVA

Druck und Binden: druckhaus köthen GmbH & Co. KG

Veröffentlicht von:
Evangelische Verlagsanstalt GmbH, Leipzig, Germany, für
Lutherischer Weltbund
150, rte de Ferney, Postfach 2100
CH-1211 Genf 2, Schweiz

ISBN 978-3-374-05385-8

www.eva-leipzig.de

Parallelausgabe in englischer Sprache

Inhalt

Vorwort

Kaisamari Hintikka

Mit Leidenschaft für die Kirche und die Welt – das ist eine der Visionen, die den Lutherischen Weltbund (LWB) antreiben. Das Streben, sowohl der Kirche als auch der Welt zu dienen, prägt alle Programme, Studienprozesse, Veranstaltungen und Konferenzen, die im Rahmen des Gedenkens des 500. Jahres der lutherischen Reformation organisiert und initiiert wurden. Die Konferenz „Globale Perspektiven auf die Reformation: Wechselwirkungen zwischen Theologie, Politik und Wirtschaft", die vom 28. Oktober bis 1. November 2015 in Windhuk, Namibia, stattfand, war eines der Hauptereignisse zum Auftakt der dreijährigen Hauptperiode 2015–2017 des 500-jährigen Reformationsjubiläums. An der Konferenz nahmen mehr als 70 Wissenschaftler und Wissenschaftlerinnen aus allen Regionen der Kirchengemeinschaft des LWB teil. Sie bot so ein wahrhaft globales Forum, um den Auswirkungen der Reformation in Kirche und Gesellschaft nachzugehen. Die Diskussionen über die Wechselwirkung zwischen theologischem Denken, Politik und Wirtschaft in verschiedenen Kontexten des 21. Jahrhunderts waren durch die Fragestellung motiviert: Wie können wir der Kirche und der Welt besser dienen?

In Bibelarbeiten, Plenarvorträgen und Workshops rückte der Diskurs, von der Unterscheidung zwischen Kirche und Staat ausgehend, immer mehr die Rolle von Bürgern und Bürgerinnen ins Zentrum. In enger Beziehung dazu standen Erkundungen zum Zusammenhang von Rechtfertigung und Gerechtigkeit sowie die Diskussion der Frage, wie ein tiefgehendes Verständnis der Rechtfertigung Menschen befreien und sie befähigen kann, dem Nächsten zu dienen und Haltungen und politische Bestrebungen zu bekämpfen, die mit dem Evangelium unvereinbar sind. Besondere Aufmerksamkeit wurde den Auswirkungen gewidmet, die das globale Wirtschaftssystem mit seiner einseitigen Ausrichtung auf einen selbstregulierenden Markt, auf das Leben der Menschen und den Planeten Erde hat. Die Diskussionen über eine nachhaltige und gerechte Gesellschaft und das „gute Leben“ kamen auch in Workshops zu Fragen der Gendergerechtigkeit, interreligiösen Beziehungen und theologischen Bildung zum Tragen.

Die Teilnehmer und Teilnehmerinnen der Konferenz verabschiedeten eine Botschaft, in der bekräftigt wird, dass alle drei Bereiche - Theologie, Politik und Wirtschaft - das Potential für eine gesellschaftliche Veränderung hin zu einer Welt des Lebens in Fülle für alle besitzen (Joh 10,10). Es wurden vier zentrale Merkmale einer transformativen Theologie benannt, die durch politische und ökonomische Gegebenheiten bestimmt werden und diese selbst bestimmen: Eine transformative Theologie sollte kontextuell, kritisch, kreativ und konkret sein. Eine transformative Theologie erfordert und ermöglicht es, die heutige Realität mit neuen Augen zu betrachten und im Licht des befreienden Wortes Gottes Gewissheiten in Frage zu stellen.

Das vorgelegte Buch enthält eine Reihe von Vorträgen und Bibelarbeiten der Konferenz in Windhuk. Sie werden hoffentlich hilfreiche Erkenntnisse über die Wechselwirkungen zwischen Theologie, Politik und Wirtschaft vermitteln und zu Diskussionen in Kirche und theologischen Institutionen ermutigen, während wir gemeinsam auf dem Weg der fortdauernden Reformation voranschreiten.

Globale Perspektiven auf die Reformation

Martin Junge

Einleitung

Als wir mit den Vorbereitungen für das 500-jährige Reformationsjubiläum begannen, verpflichteten wir uns, drei Grundsätze zu befolgen: Wir würden die globale Wesensart und Präsenz der Reformation betonen; wir würden ökumenische Sensitivität walten lassen und nicht alte Auseinandersetzungen wieder aufgreifen, so als hätte sich in 500 Jahren nichts geändert, sondern die Früchte unseres ökumenischen Engagements anerkennen; und wir würden nach vorne schauen und die fortdauernde Kraft des Evangeliums und seine fortdauernde Verheißung für diese Welt betonen.

Die Kernbotschaft der lutherischen Reformation, nach der wir nicht aufgrund dessen, wer wir sind und was wir tun, sondern aufgrund dessen, wer Gott ist und was Gott tut, die Gabe der Vergebung, des Lebens und der Freiheit empfangen: auf welche Weise spricht sie uns heute an? Welche Verwandlung löst sie aus? Welche Verwundungen, Ungerechtigkeiten und Unterdrückung spricht sie an?

Hat die Kernbotschaft der Reformation heute noch eine Bedeutung?

Wenn wir über die Früchte der Reformation in der heutigen Welt diskutieren, sollten wir vorsichtig an das Thema herangehen und nicht zu viel voraussetzen. Das Thema „Globale Perspektiven auf die Reformation", insbesondere mit seinem Unterthema „Wechselwirkungen zwischen Theologie, Politik und Wirtschaft", ist weit gesteckt. Es geht davon aus, dass die theologischen Erkenntnisse der lutherischen Reformation Auswirkungen weit über den Bereich der Kirche hinaus haben und die Bereiche von Politik und Wirtschaft betreffen.

Ist das wirklich der Fall oder bloßes Wunschdenken? Kernbotschaft und Grundstein der lutherischen Theologie ist die Lehre von der Rechtfertigung allein durch den Glauben; Luthers persönliches Ringen, einen gnädigen Gott zu finden, führte ihn zur Wiederentdeckung von Gottes Gnade. Aber mit was ringen die Menschen heute? Ringen alle Menschen, überall in der Welt, mit denselben Problemen zur selben Zeit? Ringen die Menschen in demselben Dorf oder in derselben Gesellschaft mit denselben Fragen? Kämpft eine Frau in einer patriarchalischen Gesellschaft mit denselben Fragen wie ein Mann in dieser Gesellschaft? Gehen indigene Bevölkerungen mit existenziellen Fragen auf die gleiche Weise um wie andere Teile der Bevölkerung? Glauben wir wirklich, dass junge Menschen dieselben Fragen haben, was Leben, Freude, Hoffnung, Tod, Fülle und Transzendenz angeht wie die Generation der in den frühen 1960er Jahren Geborenen? Was löst heute existenzielle Ängste aus?

Die Lehre von der Rechtfertigung allein durch den Glauben war eine theologische Erkenntnis, die eine außerordentliche Dynamik entwickelte und eine ganze Weltsicht in einen Prozess der tiefgreifenden Umwandlung stürzte. Aber welche Koordinaten bestimmen die heutige Weltsicht? Hat eine religiöse Sicht in einer säkularen Gesellschaft überhaupt eine Bedeutung? Gibt es **ein** vorherrschendes Koordinatensystem, das die Weltsichten der Menschen in der ganzen Welt strukturiert? Geht es bei den heutigen Konflikten und Auseinandersetzungen nicht genau darum, dass alternative Koordinatensysteme entstehen und der Versuch unternommen wird, überkommene Koordinaten zu überwinden, die oft als entfremdend erlebt werden, weil sie aufgezwungen sind?

Schließlich, die Reformation im sechzehnten Jahrhundert wurde damals von vielen Menschen in Europa bereitwillig angenommen. Kann diese Bewegung weiterhin ihre Bedeutung behalten in dieser „einen" Welt, mit ihrer riesigen Komplexität, ihren Schwerpunktverschiebungen und ihrer polyzentrischen Natur?

Die Schnittpunkte zwischen Theologie, Wirtschaft und Politik erkennen

Die lutherische Reformation des sechzehnten Jahrhunderts lässt sich nur im Lichte der politischen und ökonomischen Verhältnisse zu Luthers Zeiten erklären, die auf seine theologische Erkenntnis in so starker Weise ansprachen.

Wir müssen aufpassen und die Reformation nicht romantisieren und idealisieren, als wäre sie ausschließlich der Kampf um theologische Begriffe und Grundsätze, Lehren und Dogmen gewesen. Zweifellos ist die reformatorische Erkenntnis der Rechtfertigung allein durch den Glauben eine zutiefst theologische Angelegenheit. Die Kraft dieser Erkenntnis jedoch und die Welle der Veränderung, die sie auslöste, können nur vor dem Hintergrund der immensen, komplexen und schwierigen Veränderungen in den westeuropäischen Gesellschaften im sechzehnten Jahrhundert erklärt werden, die zu kapitalistischen Wirtschaftsformen übergingen. Damals waren die politischen Mächte – die kirchlichen und die weltlichen gleichermaßen – gefangen in erstickenden Schulden (wie anders können wir den Ablasshandel erklären?). Sie mussten sich mit den entstehenden nationalen Identitäten auseinandersetzen, die an Stärke gewannen und die hegemonistischen Ziele des herrschenden Kaiserreiches mit Zersplitterung bedrohten; weiterhin mussten sie die Tatsache einer Neuen Welt bewältigen, die erst wenige Jahrzehnte zuvor „entdeckt" worden war und die ruinierten westlichen Wirtschaften mit Tonnen von Silber und Gold überflutete, zum Schaden von Handwerkern, Bauern und Arbeitern.

Es waren diese Verhältnisse, in die die theologischen Erkenntnisse der Reformation hineingesprochen wurden, wo sie sich ausbreiteten und den Wandel auslösten. Die Reformation war ein Katalysator des bereits in der Luft liegenden Wandels, ein Impuls zur Neubewertung der schwierigen Frage der Umverteilung der Macht. Aber die lutherische Reformation war nicht nur Katalysator in den Auseinandersetzungen um wichtige gesellschaftliche und politische Fragen, sie wurde selbst zum Instrument in den Kämpfen um die Macht. Es ist ziemlich offensichtlich, dass die schreckliche Gewalt, die, verkleidet in ein religiöses Gewand, in den auf die Reformation folgenden Jahrzehnten die Bevölkerung Europas nahezu um die Hälfte dezimierte, nicht von theologischen Fragen bewegt war, sondern von hegemonialem Machtstreben, bei dem es in heftigen Auseinandersetzungen um Gebiets- und Herrschaftsansprüche ging – und Fragen des Glaubens und der Religion wurden eng damit verknüpft.

Dieser Sachverhalt ist gegenwärtig wieder von besonderer Bedeutung a) im Blick auf ein Verständnis der heutigen Probleme; b) im Blick auf die Tatsache, dass wieder ein „religiöser Deckmantel" herhalten muss, wenn es bei den Auseinandersetzungen eigentlich um Macht, Ressourcen und Vorherrschaft geht; und c) für das Bestreben, für die Programme und Aktivitäten im Zusammenhang mit dem 500-jährigen Reformationsjubiläum einen nicht-triumphalistischen Ansatz zu bewahren. Das *simul iustus et peccator* der lutherischen Theologie muss auf den gesamten Prozess der lutherischen Reformation angewandt werden – als Lutheraner und Lutheranerinnen haben wir die theologischen Mittel dazu. Es sollte keinen Raum für Selbstrechtfertigung bei Kirchen geben, die von sich sagen, dass sie von der Gabe der Rechtfertigung allein durch den Glauben leben.

Die Kirche im öffentlichen Raum

Ich möchte, bevor ich auf einige Dimensionen des LWB-Themas und seiner Unterthemen für das Reformationsjubiläum zu sprechen komme, noch einen weiteren Aspekt hervorheben, nämlich die Auffassung, dass der Platz der Kirche im öffentlichen Raum ist.

Eine theologische Tradition, die den Glauben auf den inneren Bereich des Individuums beschränkt, war für mich immer schwer verständlich. Diese Ängstlichkeit in Bezug auf den öffentlichen Raum ist schwer zu begreifen angesichts der Tatsache, dass Gott, inkarniert in Jesus Christus, meist ganz einfach im öffentlichen Raum hin und her wanderte, um die gute Nachricht von der Erlösung zu verkünden. Wie können wir einen Rückzug in die private Sphäre rechtfertigen im Lichte des biblischen Berichts, wie die Jünger ihre Angst und Introvertiertheit überwanden, als der auferstandene Herr zu ihnen kam, und wie sie diese Begegnung in den öffentlichen Raum trieb?

Die lutherische Reformation war solch ein Schritt in den öffentlichen Raum hinein. Heute ist sich die Wissenschaft einig, dass die zentrale Erkenntnis Luthers, die Rechtfertigung allein durch den Glauben, bereits Jahre bevor sich ihre explosive Kraft im Jahr 1517 entzündete, entdeckt und formuliert worden war. Nach Ansicht mancher Wissenschaftler und Wissenschaftlerinnen ist bereits in Luthers Vorlesungen über die Psalmen diese Erkenntnis klar auszumachen. Andere nehmen einen späteren Zeitpunkt an, seine Vorlesungen über den Brief des Paulus an die Römer. Alle sind sich jedoch einig, dass die reformatorische Erkenntnis schon einige Jahre da war und Luther sie seinen Studenten einige Jahre gelehrt haben könnte, ohne dass dies irgendwelche bedeutenden Folgen hatte, wie Massenbewegungen und gesellschaftliche, politische und religiöse Umwälzungen, und dass weder die Obrigkeiten noch der Kaiser sich darum kümmerten. Was löste die Veränderung aus? Wie entwickelte sich ihre verändernde Kraft?

Ich glaube, es war Luthers pastorale und diakonische Sorge um die Menschen, die den Unterschied ausmachte. Man kann tatsächlich darüber streiten, ob die 95 Thesen wirklich an die Tür der Schlosskirche genagelt wurden oder nicht. Aber es war ganz klar seine Sorge um die einfachen Menschen, die ihr Vertrauen in eine finanzielle Transaktion als ein Mittel zur Sicherung ihres ewigen Lebens (Ablässe) setzten, die Luther antrieb, in die Öffentlichkeit zu gehen, zu protestieren, zu kritisieren und den Menschen an der Basis zu erklären, was er als die Wahrheit des Evangeliums erkannt hatte. Es war seine Qual, dass Menschen dermaßen fehlgeleitet wurden, bis zu dem Punkt, ihr Vertrauen in eine Geldmünze zu setzen, die ihn dazu trieb, an die Öffentlichkeit zu gehen. Sein prophetischer Zorn richtete sich gegen die Kirche seiner Zeit, die unverblümt etwas, was die Bibel als freie Gabe bezeichnete, in ein Handelsgut verwandelte. Es war Luthers diakonische Sorge, die ihn bewegte, seine theologische Erkenntnis – die er in Gebet und wissenschaftlicher Forschung entwickelt hatte – der lärmenden und chaotischen Welt der einfachen Leute anzubieten. Luther sah, wie diese Menschen – manche von ihnen äußerst arm und dazu marginalisiert – ihre wenigen Münzen für ein bisschen Herzensfrieden, wenigstens nach ihrem Tod, opferten, während das irdischen Leben für sie nur Qual und Alptraum ohne ein absehbares Ende war.

Wissenschaftliche Forschung als ein Mittel, auf das alle Menschen, die mit existenziellen Fragen kämpfen, zurückgreifen können, und die Kombination von streng wissenschaftlicher Arbeit mit leidenschaftlichem Zeugnis – so ist meiner Ansicht nach das Gleichgewicht zwischen der Wissenschaft und der Mission der Kirche während der Reformation auf ideale Weise verwirklicht worden. Ich hoffe, dass die Vision einer solchen Balance, die die Spannung zwischen diesen beiden Polen umfasst und sie zusammenhält, heutzutage in den vielen weltweiten kirchlichen Diskussionen vorherrschend sein wird.

Einige Perspektiven auf die theologischen Erkenntnisse der Reformation

Wie können wir zeitgemäß an das Reformationsjubiläum herangehen, um die reformatorischen Erkenntnisse für die heutige Welt nutzbar zu machen? Im Blick auf diese Frage entwickelte der LWB einen thematischen Ansatz, der dazu beiträgt, die Erkenntnisse der Reformation mit den heutigen Themen und Herausforderungen zu verbinden, die für viele unserer gemeinsamen Lebensbereiche kennzeichnend sind. Dieser thematische Ansatz wird hoffentlich auch nach dem Reformationsjubiläum noch nützlich sein, indem er die Kirchen dazu bewegt, über sich und ihr Umfeld nachzudenken.

Der LWB wählte „Befreit durch Gottes Gnade" zu seinem Hauptthema für das 500-jährige Reformationsjubiläum. Drei Unterthemen tragen zur Entfaltung verschiedener Aspekte des Hauptthemas bei: Erlösung – für Geld nicht zu haben, Menschen – für Geld nicht zu haben, Schöpfung – für Geld nicht zu haben.

Was „für Geld nicht zu haben“ bedeutet, ist wahrscheinlich unmittelbar verständlich. Es bezieht sich auf den prophetischen Widerstand Luthers, den er im 16. Jahrhundert durch das Anschlagen der 95 Thesen öffentlich machte. Damals wandte er sich dagegen, dass eine von Gott umsonst gegebene Gabe zu einer von der damaligen religiösen Macht, der Kirche, kontrollierten Ware wurde.

Dieser allgemeine Protest hat nichts von seiner Kraft und Bedeutung verloren: Er wendet sich gegen die Vermarktung von Gaben, die ihrer Natur nach nicht vermarktbar sind und niemals das Objekt finanzieller Transaktionen werden dürfen. Luthers prophetisches „Nein" wird auf drei verschiedenen Ebenen verdeutlicht: Erlösung, Menschen und Schöpfung.

Gegen die Vermarktung von Glauben und Kirche

Das erste Unterthema – „Erlösung – für Geld nicht zu haben" – ist kein Rückblick auf den im 16. Jahrhundert entbrannten Streit über den Ablasshandel. Es beschäftigt sich vielmehr mit dem Problem der gegenwärtigen Kommerzialisierung von Erlösung, von Wohlstand und Leben in Fülle. Werkgerechtigkeit und Vermarktung von Erlösung haben ganz neue, aber ähnlich dramatische Dimensionen angenommen wie im 16. Jahrhundert.

Um was geht es also? Zunächst um eine selbstkritische Untersuchung, in welchem Maße Kirchen der reformatorischen Tradition in Predigt und Zeugnis den Vorrang der Gnade verkünden. Der Legalismus schleicht sich immer wieder ein; Vorbedingungen werden gesetzt für die Gnade, die Vergebung und die Erlösung, die doch nach der reformatorischen Theologie bedingungslos sind. Immer wieder klingt es so, als müssten wir letztendlich doch etwas tun oder bestimmte ontologische Kriterien erfüllen, ohne die wir verdammt, ausgeschlossen oder stigmatisiert werden. Menschen fällt es weiterhin ungeheuer schwer zu ertragen, dass Gott die menschlichen Empfindungen für das, was richtig ist, unterläuft, indem Gott den Menschen das Geschenk der Erlösung und damit der Befreiung anbietet – allein aus Gnade. Das ist die Bedeutung des Kreuzes Christi, das eigentliche Zentrum der reformatorischen Theologie.

Dieses Thema betrifft jedoch auch die vielen, manchmal sogar komischen Formen der merkantilen Vermittlung von Erlösung, denen man in manchen jüngeren Formen der Kirche begegnen kann. Die Vermarktung von Verzweiflung und tief sitzenden Ängsten ebenso wie die der Hoffnung auf Wohlstand hat sich zu einem blühenden Geschäft entwickelt. Den Menschen werden verschiedenste Versprechungen auf Erlösung verkauft, deren Erfüllung jenseits menschlicher Macht liegt. Die neoliberale Marktideologie zerrt Kirche, Religion und Glauben auf den Markplatz. Nicht das, was wahr ist, trägt den Sieg davon, sondern was sich verkauft und erfolgreich ist. Wir müssen dem im Geiste der Theologie des Kreuzes widersprechen.

Indem sie es wagen, ihre Stimme dagegen zu erheben, leisten die Kirchen der reformatorischen Tradition einen bedeutenden Beitrag zur

Übernahme von Verantwortung für die eine, uns allen gemeinsame Welt. Der Grund dafür ist, dass eine Welt, die niemals von der Gnade hört oder sie erfährt, unweigerlich gnadenlos sein muss und ihr Heil im unbarmherzigen Wettbewerb suchen wird oder in einem Überlebenskampf, der nur von wenigen gewonnen werden kann. Die eine Welt wird sich dann sehr schnell zu einer Welt der wenigen entwickeln. Kennzeichnend für eine solche Welt sind Mechanismen der Ausgrenzung, die überall ihre Spuren hinterlassen. Das können uns indigene Völker, ältere Menschen, Kinder, Jugendliche und Frauen bestätigen. Und das ist auf keinen Fall die Vision einer zukünftigen Welt, die Gott in Jesus Christus offenbart hat.

Menschen sind unantastbar

Da zweite Unterthema, „Menschen – für Geld nicht zu haben" – ist von äußerster Relevanz: Die Migration von Menschen aus Krisengebieten in sichere Länder hat zur Entwicklung von Schleuserbanden geführt, die skrupellos Flüchtlinge in Waren verwandeln. Dieses Phänomen ist keineswegs neu, aber jetzt wird es der europäischen Öffentlichkeit mit aller Macht bewusst. Ähnliche Formen des Menschenhandels gibt es in anderen Bereichen: Frauen werden in die organisierte Prostitution gezwungen; Kinder und Jugendliche werden entführt und für Söldnertruppen rekrutiert; Menschen werden gezwungen, ihre Organe zu verkaufen; junge Frauen und Männer arbeiten für geringsten Lohn – wenn sie überhaupt bezahlt werden – unter schlimmsten Bedingungen und garantieren so die Wettbewerbsfähigkeit von Regionen und Industrien oder die Durchführung groß angelegter Projekte.

Inwiefern der christliche Glaube eine grundsätzliche Ablehnung solcher Praktiken rechtfertigt, bedarf keiner weiteren Erklärung. Jeder Mensch trägt in sich die imago Dei, das Bild Gottes, und seine Würde und Integrität ist deshalb unantastbar. Geschaffen im Bilde Gottes ist ein biblisches Motiv von zentraler Bedeutung für das christliche Verständnis des Menschseins.

Christen und Christinnen treten für den Schutz der Würde jedes einzelnen Menschen ein. Auch andere religiöse und philosophische Traditionen führen gute Gründe für die Achtung der Menschenwürde an. Die Menschheit hat politische und rechtliche Instrumente entwickelt, um der universellen Gültigkeit dieses Konsenses Ausdruck zu verleihen. Es gibt Menschenrechtsabkommen und -konventionen, die mit Ausnahme sehr weniger Nicht-Unterzeichnerstaaten für die internationale Gemeinschaft bindend sind.

Die reformatorischen Kirchen spielen eine wichtige Rolle dabei, denn sie unterscheiden zwischen den Bereichen, in denen Gott in der Welt aktiv ist (die „Zwei-Reiche-Lehre"). Sie spielen deshalb nicht göttliches gegen menschliches Recht aus oder wollen Gottes Gesetz im Sinne einer Theokratie durchsetzen. Die Unterscheidung zwischen den Bereichen, insbesondere die Legitimierung eines säkularen und damit öffentlichen Bereiches, der in dialektischer Spannung zum spirituellen Bereich steht, ist eine der wichtigsten Beiträge der Reformation zur Kulturgeschichte. Reformatorische Kirchen können deshalb mit Selbstverständlichkeit für Menschenrechte eintreten und unablässig auf ihre Einhaltung drängen – und sie können das sogar auf der Grundlage ihrer religiösen Überzeugungen. Nicht weil die Menschenrechte eine „heilige Schrift" wären, sondern weil das sich darin äußernde Menschenbild im Einklang mit den grundlegenden Lehren des Christentums steht. Darüber hinaus sind die Menschenrechte wirksame Instrumente, um die Menschenwürde im Sinne einer globalen Verpflichtung zu schützen.

Kann unsere Freiheit grenzenlos sein?

Das dritte Unterthema, „Schöpfung – für Geld nicht zu haben", spricht eine Dimension an, die wahrscheinlich zu den größten und bedrohlichsten Herausforderungen unserer Zeit gehört. Die Lebensweise eines Teiles der Weltbevölkerung ist dabei, das ökologische Gleichgewicht zu zerstören. Der von Menschen verursachte Klimawandel wird die Überlebenschancen der Menschheit in großem Maße beeinträchtigen, wenn nichts getan wird, um ihn zu stoppen.

Der Klimawandel verweist – ähnlich wie die Finanzkrise – auf ein grundlegendes Problem menschlichen Verhaltens: Die Menschen leben heute von Ressourcen, die sie von zukünftigen Generationen oder anderen Gruppen ausborgen müssen. Dies wiederum heißt nichts anderes, als dass ein bestimmtes Freiheitsverständnis seine Grenze erreicht hat. Seitdem sich das cartesianische Paradigma durchgesetzt hat, fokussierte sich das Freiheitsverständnis so sehr auf das Individuum, dass es sich in der Folge mit einem augenfälligen Mangel an Beziehungsfähigkeit und daher von Verantwortlichkeit ausgelebt hat. Eine Generation nimmt es sich heute heraus, die Ressourcen der nächsten Generation zu verbrauchen; einige dominierende Gesellschaften nehmen es sich heraus, die Ressourcen anderer Gruppen und Völker aufzubrauchen. Kann das Freiheit sein?

Die reformatorischen Kirchen sind hier in der Lage einen bedeutenden Beitrag zu leisten, weil sie Vorschläge machen können, wie die Menschheit mit der riesigen Aufgabe umgehen könnte, ein Gleichgewicht zwischen ihrem Freiheitsverständnis und einem sozialen und ökologischen Bewusstsein herzustellen, um damit eine nachhaltige Zukunft zu ermöglichen.

Schon früh hat man der lutherischen Theologie vorgeworfen, die Rechtfertigungslehre unterminiere die Ethik und Moral, weil Gottes Gnadengabe angeblich allen ethischen Anstrengungen die Begründung entziehe. Die Antwort der lutherischen Theologie und Praxis auf diese Kritik ist ein Geniestreich. Erstens rückte sie nicht von ihren Aussagen ab und stellte ihre Lehre von Gottes Gnade und die daraus folgende Freiheit des gerechtfertigten Individuums nicht in Frage. Das kann nicht oft genug betont werden. Die Kirchen der reformatorischen Tradition sind Kirchen der Gnade und der Freiheit, sowohl als auch. Wer immer in dieser Tradition steht und von der Rechtfertigung allein aus Gottes Gnade spricht, wird auch von Freiheit sprechen wollen. Das ist sogar eine Verpflichtung. Zweitens bezieht sich diese Freiheit auf die Nächsten, insbesondere die leidenden Nächsten. Von Gott gegebene Freiheit ist nie autonom oder autistisch – das ist ein wesentliches Element der lutherischen Theologie und Praxis. Von Gott gegebene Freiheit findet ihren vollen Ausdruck in der Aufnahme – und dem Schutz – von Beziehungen.

Was die lutherische Theologie im sechzehnten Jahrhundert nicht erkennen konnte, was aber heute im Geiste einer fortdauernden Reformation deutlicher formuliert werden muss, ist die Erkenntnis, dass die von Gott gegebene menschliche Freiheit ihr beziehungsorientiertes Engagement nicht nur auf den leidenden Mitmenschen richten wird, sondern auch auf die seufzende Schöpfung Gottes. Aus diesem Grund bedarf es unbedingt einer Weiterentwicklung von einer anthropozentrischen zu einer ökozentrischen Theologie, die Gottes erlösendes Handeln in der Welt nicht nur auf die Menschen und ihre Erlösung, sondern auch auf das Ganze von Gottes Schöpfung gerichtet sieht. Diese stetige Weiterentwicklung der lutherischen Theologie ist sowohl eine große Aufgabe als auch ein großes Geschenk.

Globale Narrative des lutherisch Seins

Die lutherische Reformation entwickelte sich durch Martin Luther im 16. Jahrhundert in Westeuropa. Die Narrative jedoch, was es heißt, Kirche in der Tradition der lutherischen Reformation zu sein, sind unterschiedlich. Äthiopier und Äthiopierinnen erzählen von Onesimus, dem ersten einheimischen Missionar, der sich der schwierigen und großen Herausforderung stellte, Kirchen in der protestantischen Tradition zu gründen. Sie sprechen mit großer Hochachtung von den schwedischen und nordamerikanischen Missionaren und Missionarinnen, die zu ihnen kamen. Das und nicht so sehr Wittenberg macht ihre Geschichte des Kircheseins in der reformatorischen Tradition aus.

In Indien erzählen Lutheraner und Lutheranerinnen von Tranquebar, dem Hafen, wo Missionare und Missionarinnen ankamen und sich zu denen gesellten, mit denen niemand zu tun haben sollte: den Dalits. Missionare und Missionarinnen berührten die Unberührbaren, und die Unberührbaren verstanden Gottes Weg der Inkarnation als Gottes eigenen Weg aus der Unberührbarkeit, um ganz Mensch zu werden und damit berührbar. Was für ein wirkmächtiges alternatives Narrativ christlicher Theologie! Auch hier liegt der Bezugspunkt, der geografische Bezugspunkt, des Kircheseins in der lutherischen Tradition nicht in Westeuropa, sondern in Indien.

Im Mai 2015 kamen die afrikanischen LWB-Mitgliedskirchen in Marangu, Tansania, zusammen zum Gedenken an die 60 Jahre, die seit ihrem ersten Treffen vergangen waren. Die Versammlung stand unter dem Thema „Von Marangu nach Wittenberg", womit die geschichtliche Sichtweise umgedreht und der Erfahrungsaspekt in den Vordergrund gerückt wurde: Ihre Schlüsselerfahrung der gegenseitigen Anerkennung als Kirchen in derselben theologischen Tradition rührt von diesem ersten Treffen in der Region her. Das bestimmt sie und formt ihre Identität.

Die LWB-Mitgliedskirche in El Salvador würde als die wesentlichen Merkmale ihrer Identität jene bezeichnen, die sich während des Krieges in den 1980er Jahren herausbildeten und darauf hinweisen, wie dieser Krieg die Kirche zu einem öffentlichen Auftreten, zu mutigem Engagement, Diakonie und Verkündigung, herausforderte.

Die Mitgliedskirche in Russland wird auf ihre Erfahrungen verweisen, was es bedeutete, am Glauben festzuhalten und heimliche Gottesdienste im Wald abzuhalten, die meist von tapferen, widerstandsbereiten Frauen geleitet wurden, die ihren Glauben an die jüngere Generation weitergaben, selbst in Zeiten schwerer Verfolgung.

Diese Beispiele illustrieren den polyzentrischen Charakter des LWB. Dies schließt auch die Konvergenz vieler theologischer Narrative mit ein, die zusammen eine globale Artikulation dessen darstellen, was es heißt, eine Kirche in der Tradition der lutherischen Reformation zu sein. Die Aufgabe des LWB als eine weltweite Kirchengemeinschaft ist es, Raum zu schaffen für die Artikulation einer Theologie, die die vielen theologischen Profile umfasst, die sich entwickelt haben, und es diesen zu ermöglichen, aufeinander einzuwirken, sich gegenseitig herauszufordern und ihre Perspektiven zu vertiefen. Indem sie dies tun, werden die LWB-Mitgliedskirchen erneut begreifen, dass die vor 500 Jahren in Wittenberg entstandene Reformation, derer wir 2017 gedenken, wahrhaftig eine Weltbürgerin geworden ist.

Theologie und Politik

Rechtfertigung und Gerechtigkeit: Die Bedeutung der lutherischen Unterscheidungen in Kirche und Gesellschaft

Antje Jackelén

Einleitung: Öffentliche Theologie

> Die Herausforderungen von heute machen nicht mehr an lokalen oder nationalen Grenzen halt. Sie sind glokal, sowohl global als auch lokal. Grenzen sind nicht mehr das, was sie einmal waren. Das sollte uns nicht ängstigen. Denn im Zentrum des Christentums steht ein Gott, der die dramatischste aller Grenzen überschreitet: die zwischen dem Göttlichen und dem Menschlichen. Überschreitung von Grenzen bringt immer „Berührungsangst" mit sich, die Angst zu berühren oder berührt zu werden von dem, was sich unterscheidet, was fremd und anders ist. Als gläubige Menschen können wir mit dieser Angst leben, denn wir haben unsere Mitte im Evangelium des menschgewordenen Christus und sind der Welt gegenüber offen, sehr offen. Deshalb sagen wir, vereint im Gebet für Gottes Schöpfung und die Kirche Jesu Christi, mit Vertrauen: Veni Creator Spiritus, Komm Schöpfer Geist.

Mit diesen Worten beschloss ich meine Ansprache an Papst Franziskus bei meinem Besuch in Rom im Jahr 2015. Und in der Tat, die heutigen globalen Herausforderungen wie etwa die globale Erwärmung, die Armut, die Flucht von Menschen vor Kriegsgräueln und Terror, sind riesig. Unsere Mission als Kirche kann niemals von diesen oder anderen Herausforderungen losgelöst sein – das war die deutliche Botschaft des Papstes und auch meine.

Wenn die Mission der Kirche eine „öffentliche" ist, in dem Sinne, dass sie auf die ganze Welt abzielt, dann muss unsere Theologie auch öffentlich sein.

Und damit sehen wir uns der Frage gegenüber: Was ist öffentliche Theologie? Diese Frage zieht weitere Fragen nach sich und führt oft zu Missverständnissen. Was meinen wir wirklich mit öffentlicher Theologie? Eine Theologie für die Öffentlichkeit? Eine Theologie in der Öffentlichkeit? Eine Theologie, die einen Beitrag zum öffentlichen Leben leistet? Eine Theologie, die eine neue Öffentlichkeit bilden soll? Eine universelle Theologie? Oder einfach Theologie als solche?[1]

Wie kann eine lutherische Theologie jemals eine öffentliche Theologie sein? Auf den ersten Blick scheint die Zwei-Reiche-Lehre und ihre Trennung von Staat und Kirche, Gerechtigkeit und Rechtfertigung die direkte Beteiligung an der Bewältigung der gemeinsamen heutigen Herausforderungen nicht zu ermutigen. Unter Lutheranern und Lutheranerinnen wurde zeitweise, wenn es um öffentliche Belange ging, eine eher passive, quietistische Ethik befürwortet, die mit dem Hinweis auf die zwei Reiche gerechtfertigt wurde.

Manchmal ist die öffentliche Theologie weder in der Kirche noch „in der Welt" willkommen. In der Welt führen die Säkularisierung und ein schwindendes Wissen vom christlichen Glauben dazu, dass viele Menschen die Sprache der Theologie nicht verstehen oder verstehen wollen. In Schweden ist man ständig herausgefordert, die theologischen Grundgedanken zu erklären, die die Basis unseres öffentlichen, politischen Engagements sind, zu dem uns die Liebe zu Christus verpflichtet. In der Kirche, insbesondere im Kontext der Mehrheitskirchen, ist der Übergang von einer „Autoritätskirche" zu einer „Kirche von unten" nicht einfach. Er verursacht Furcht und Zittern, das Gefühl einer verlorenen Identität oder des Verlustes der religiösen Sprache.

Meiner Meinung nach ist die Aufgabe der Erklärung der öffentlichen Theologie und des Konzeptes der Zwei Reiche noch schwieriger, wenn wir es mit (ehemaligen) Staatskirchen zu tun haben, wie es bei meiner der Fall ist. Aufgrund der engen Verbindung zwischen Kirche und Staat bestand eine klare Trennung zwischen Gesetz und Evangelium: Das Gesetz war Angelegenheit des Staates und das Evangelium Angelegenheit der Kirche. Wenn die Kirche nicht fähig ist, mit beidem auf eine solide theologische Art und Weise umzugehen, rächt sich das im Blick auf die Bedeutung der Kirche und ihre theologische Sprache.

Die Schwedische Kirche und ihre Rolle in der Gesellschaft

Im Jahr 2000 hörte die Schwedische Kirche auf, eine Staatskirche zu sein. Das heißt nicht, dass zwischen Staat und Kirche keine Beziehung mehr be-

[1] James Haire, „Public Theology", in: Jesper Svartvik/Jakob Wirén (eds.), Religious Stereotyping and Interreligious Relations (New York: Palgrave Macmillan, 2013), 25ff.

steht. Nach Maßgabe eines Staatsgesetzes ist die Schwedische Kirche eine in Gemeinden und Bistümer gegliederte evangelisch-lutherische Religionsgemeinschaft, eine Volkskirche, die in demokratischer Verantwortung von der Geistlichkeit geleitet wird. Die Kirche ist gesetzlich verpflichtet, im ganzen Land tätig zu sein. Der Staat ist an der Erhebung der Kirchensteuer beteiligt und unterstützt finanziell den Erhalt des kulturellen kirchlichen Erbes in Form der zahlreichen Kirchen, von denen viele aus dem Mittelalter stammen.

Die Zahl der Mitglieder nimmt ab und wird dies auch in Zukunft tun, während zugleich die religiöse Vielfalt zunimmt. Die Ursache dafür sind vor allem demografische Veränderungen. Es sterben mehr Kirchenmitglieder als neue geboren werden. Seit 2000 gibt es eine kontinuierliche Abnahme der Mitgliederzahl, obwohl langsamer als von Pessimisten befürchtet. Die Bezeichnung „Schwedische Kirche" *Svenskakyrkan*, obwohl ein theologisches Unglück, funktioniert als Marke ganz gut. Sie suggeriert, dass die Schwedische Kirche die Kirche ist, der man zugehörig sein sollte. Es ist spannend, wie lange diese Wahrnehmung noch bestehen wird.

Im Vergleich dazu gelingt es der römisch-katholischen Kirche, die nie wie die Kirchen der Reformation national gewesen ist, besser als der Schwedischen Kirche, Menschen mit unterschiedlichem ethnischen und kulturellen Hintergrund eine christliche Identität zu bieten.

Die wirtschaftlichen Ressourcen der Schwedischen Kirche gehen zurück, aber im Vergleich mit den meisten anderen Kirchen ist sie immer noch reich. Außer den Kirchen besitzt sie noch zahlreiche weitere Gebäude, für deren Unterhaltung ein großer Teil ihres jährlichen Budgets verwendet wird. Sie beschäftigt viele Angestellte, die vielfältige tägliche Aktivitäten in der Gemeinde ermöglichen. Meist nehmen bedeutend mehr Menschen an kirchlichen Aktivitäten unter der Woche teil als an Sonntagen. Diese Aktivitäten umfassen ein breites Angebot von Programmen und Veranstaltungen, können aber auch zur Verarmung des sonntäglichen gottesdienstlichen Lebens beitragen. Die Schwedische Kirche bietet ein breites Spektrum von Aktivitäten an, die oft von kirchlichen Angestellten organisiert und durchgeführt werden. Das hat allerdings die Kehrseite, dass Kirchenmitglieder dazu verleitet werden, sich als Konsumenten religiöser Erfahrungen und Dienste zu empfinden, die von Hauptamtlichen erbracht werden. Die Kirche heißt sie willkommen, geht auf ihre Bedürfnisse und Wünsche ein, aber es gelingt ihr nicht in gleichem Maße, sie zu einer christlichen Lebensführung zu befähigen und sie in der Nachfolge Christi in die Welt zu senden. Das ist Welten entfernt von dem Denken im Sinne von Stewardship, dem ich anderswo begegnet bin. Das Konsumverhalten wird dadurch unterstützt, dass ein Schwede oder eine Schwedin normalerweise keine Notwendigkeit verspürt, einer Religionsgemeinschaft anzugehören, weil dieses ein Netzwerk der sozialen Sicherheit bietet. Die Schweden sind daran gewöhnt, dass die öffentliche Wohlfahrt all dies leistet. Darum halten sie es nicht für nötig, ihre örtliche Glaubensgemeinschaft (über das Zahlen der Kirchensteuer hinaus) aktiv zu unterstützen.

Eine der Herausforderungen ist es, die Tauftheologie der Gabe und der Mission wiederzuentdecken, und eine weitere, sich darauf vorzubereiten, mit weniger hauptamtlichen Mitarbeitern und einer größeren Abhängigkeit von Ehrenamtlichen zurechtzukommen. Die dritte Herausforderung schließlich besteht in der Übernahme von Verantwortung für christliche Lehre und Bildung. Vielfach scheinen wir immer noch zu glauben, dass die Gesellschaft für ein Grundwissen über den christlichen Glauben sorgt, auf dem man dann z.B. im Konfirmationsunterricht aufbauen kann. Aber das ist seit Jahrzehnten schon nicht mehr so.

Religion ist ein Pflichtfach in der Grundschule und weiterführenden Schulen. Die Schüler und Schülerinnen bekommen einen guten Überblick über die wichtigsten Weltreligionen. Oft wird jedoch Religion als ein geschichtliches oder exotisches Phänomen dargestellt (Menschen, die merkwürdige Dinge glauben, die gegen viele moderne Dinge sind, komische Sachen zu komischen Zeiten essen oder nicht essen usw.). Die Schlussfolgerung, die viele Schüler und Schülerinnen daraus ziehen müssen, ist: Der Glaube ist nicht normal, es sind immer die anderen (z.B. muslimische Einwanderer), die glauben. Ein moderner Schwede oder eine moderne Schwedin ist nicht gläubig.

Kirche und Staat als zwei Reiche?

Natürlich gibt es viele Möglichkeiten der Beziehung zwischen Kirche und Staat, von denen manche negativ zu bewerten sind. Es seien hier kurz vier Beispiele für Letzteres benannt: erstens das Bündnis von Kirche und Staat, in dem die Kirche den Staat beherrscht, wie in Genf zu Zeiten Calvins oder manchmal im mittelalterlichen Katholizismus. Zweitens das Bündnis zwischen Kirche und Staat, in dem der Staat die Kirche beherrscht, wie im Falle des konstantinischen Christentums und des kolonialistischen Christentums in Lateinamerika. Drittens die Trennung von Kirche und Staat, die mit einer Dämonisierung von Politik einhergeht, wobei die Theologie verkündet, Erlösung gebe es nur durch die Flucht aus dieser bösen Welt. Viertens und letztens die Trennung, die oft mit der lutherischen Lehre von den zwei Reichen in Zusammenhang gebracht wird: Eine Trennung von Kirche und Staat, wobei Politik von aller religiösen Einflussnahme frei ist und der religiöse Glaube folglich Gefahr läuft, privat und spiritualistisch zu werden.[2]

---

[2] Walter Altmann, Luther and Liberation: A Latin American Perspective (Minneapolis: Fortress, 1992), 71–75.

Zweifellos hat die Zwei-Reiche-Lehre in unserer lutherischen Tradition eine zentrale Rolle gespielt, mit – wir sind uns dessen nur zu bewusst – manchmal verheerenden Folgen, nicht zuletzt im 20. Jahrhundert, wo es Beispiele von lutherischen Kirchen gibt, die darin versagten, sich für Gerechtigkeit einzusetzen und Unrechtsregimen Widerstand zu leisten.

Wie bereits erwähnt, gibt es andere Beispiele, wie dieses Denkmodell nichtsdestotrotz dazu geführt hat, das Evangelium als gute Nachricht in den Mittelpunkt zu rücken, aber nicht für diese Welt.

Darum ist es immer wieder notwendig, das Verhältnis von Gerechtigkeit und Rechtfertigung, Gesetz und Evangelium, Staat und Kirche neu zu bedenken.

Der Segen und die Gefahr der lutherischen Unterscheidungen

In seinem Kommentar zum Galaterbrief erörtert Luther die Unterscheidung zwischen Gesetz und Evangelium und verbindet sie mit der Unterscheidung zwischen weltlichem und geistlichem Regiment.[3] Nach Luther gehören beide ganz klar zusammen. Beide sind Ausdruck von Gottes zweifachem Kampf gegen das Böse: im geistlichen Regiment durch das Evangelium zur Beförderung der Erlösung und im weltlichen Regiment durch das Gesetz, um politische Gerechtigkeit und gesellschaftliche Ordnung durchzusetzen.[4] Darüber hinaus hat der Begriff der zwei Reiche nach Luther auch eine seelsorgerliche Dimension, indem er selbst dem Scharfrichter oder Henker gestattet, sich als gläubigen Christen zu sehen.

Aber wie gehören sie zusammen? Mein früherer Kollege Vítor Westhelle von der Lutheran School of Theology in Chicago weist darauf hin, dass das Konzept der beiden Reiche erst seit jüngerer Zeit als „Lehre" betrachtet wird. Westhelle sieht sehr kritisch, wie das Verhältnis von Gerechtigkeit und Rechtfertigung in unserer Tradition interpretiert worden ist. Er erinnert daran, dass die Zwei-Reiche-„Lehre" eine Konstruktion des 20. Jahrhunderts ist, die ursprünglich von Franz Lau im Jahr 1933 geprägt wurde.[5] Um eine lange Geschichte (sehr stark) abzukürzen, die Schöpfung der Zwei-Reiche-Lehre, heute ein Markenzeichen des Luther-

[3] WA 40. I, 40:16–41:26; 392:19–393; 29.

[4] Carl-Henric Grenholm, „Law and Gospel in Lutheran Ethics", in: Carl-Henric Grenholm/Göran Gunner (eds.), Justification in a Post-Christian Society (Eugene: Pickwick, 2014), 91f.

[5] Vítor Westhelle, „God and Justice: The Word and the Mask", in: Journal of Lutheran Ethics, Vol 3, No. 1 (2003), 2.

tums, ist vielleicht gar nicht besonders lutherisch. Von Anfang an war es ein missliches Vorhaben, sowohl in theologischer wie politischer Hinsicht. Johannes Heckel meint dazu:

> Luthers Lehre von den beiden Reichen gleicht in der Wiedergabe durch die evangelische Theologie einem kunstvoll angelegten Irrgarten, dessen Schöpfer mitten im Werk den Plan verloren hat, so daß nicht mehr herausfindet, wer sich in ihm verirrt.[6]

Wie können wir also die zwei Reiche heute verstehen? Es ist wichtig im Blick zu behalten, dass es im Neuen Testament wie auch im lutherischen Denken letztlich nur ein Reich gibt, nämlich das Reich Gottes. Das ist das Reich, von dem Jesus in den Evangelien in Reden und Gleichnissen spricht, wenn Sünden vergeben und Wunder gewirkt werden. Das ist das Reich, das nach Paulus das Ziel der ganzen Schöpfung ist. Wenn wir also zwei Reiche im Neuen Testament benennen müssten, wären sie nicht Kirche und Staat, sondern vielmehr das Reich Gottes und das Reich des Bösen.

Folglich machen wir nach Ansicht von Craig Nessan einen grundsätzlichen Fehler, wenn wir Luthers Aussagen über die zwei Reiche als räumliche Metapher verstehen. Es handelt sich nicht um zwei beziehungslose Reiche, sondern vielmehr um zwei miteinander verbundene Strategien.[7] Dem Bösen wird auf zweierlei Weise widerstanden: durch die Verkündigung des Evangeliums und durch die Herstellung einer gerechten Ordnung in der Gesellschaft durch die Institutionen des Staates, Gesetz, Bildung, Wirtschaft, usw.[8] Daher haben wir es mit zwei einander ergänzenden Strategien für den Kampf gegen das Böse und für Gottes Reich in dieser Welt zu tun.

So gesehen befreit die Strategie des Evangeliums - Rechtfertigung - den Sünder und die Sünderin von der vorherrschenden Beschäftigung mit dem eigenen Selbst und dessen Erlösung und befähigt sie zu guten Werken für andere. Die Gesetzesstrategie - Gerechtigkeit - dient dazu, die Welt durch politische Mittel gerecht zu ordnen.

Diese Argumentation steht der Auffassung von Westhelle nahe, beim Konzept der zwei Reiche gehe es nicht um „eine besondere christliche Gerechtigkeit, eine christliche Alternative zur Welt, sondern um die Alternative

---

[6] Johannes Heckel, „Im Irrgarten der Zwei-Reiche-Lehre: Zwei Abhandlungen zum Reichs- und Kirchenbegriff Martin Luthers", in: Theologische Existenz heute, Nr. 55 (München 1957), 3.

[7] Nessan merkt an, „Strategie" sei eine konstruktive und dynamische Übersetzung des deutschen Wortes „Regiment", so wie der englische Begriff „regimen" ebenfalls die Vorstellung einer Strategie nahelege. Craig L. Nessan, „Reappropriating Luther's Two Kingdoms", in: Lutheran Quarterly, Vol. XIX (2005), 311.

[8] A.a.O., 306.

von Christus inmitten der Welt."[9] Westhelle versteht die Begrifflichkeit der zwei Reiche nicht als eine Lehre, der zufolge sich die Kirche nicht in politische Angelegenheiten einmischen darf, sondern als ein hermeneutisches Prinzip: Christus kennen heißt die Gerechtigkeit kennen, und wo Gerechtigkeit zu finden ist, da finden wir auch Christus.[10]

Was ist öffentliche Theologie?

Wenn von der öffentlichen Rolle der Theologie die Rede ist, umfasst das sowohl die öffentliche Relevanz von Theologie als auch die Verantwortung der Theologie hinsichtlich des öffentlichen Raumes. Der öffentliche Raum wird nach meinem Verständnis durch eine Vielfalt einander überschneidender Öffentlichkeiten gebildet, wie etwa religiöser Institutionen oder Organisationen, der wissenschaftlichen Welt, der Gesellschaft insgesamt, lokal und global und allem dazwischen. Der öffentliche Raum ist demnach durch eine differenzierte Relationalität gekennzeichnet. Dies klingt nach einem abstrakten Prinzip, aber diese differenzierte Relationalität verkörpert sich z.B. ganz konkret in einer Wissenschaftlerin, die zugleich auch Kirchenmitglied, Bürgerin in einer bestimmten Gesellschaft und oft auch eine Weltbürgerin ist.

Die öffentliche Rolle der Theologie erfordert eine fortwährende Analyse der umgebenden Welt, Dialog innerhalb und mit dem gegenwärtigen Kontext von Raum und Zeit, sowie eine geschickte Popularisierung der Ergebnisse theologischer Forschung.

Öffentliche Theologie ist nicht nur möglich, sondern notwendig – sowohl um ihrer selbst als auch der Gesellschaft willen. Um ihrer selbst willen muss Theologie der interdisziplinären und öffentlichen Diskussion ausgesetzt sein, um sich weiterentwickeln und relevant bleiben zu können. Eine kritische und selbstkritische Reflexion ist unmöglich ohne Bezug auf etwas, das außerhalb des eigenen Bereiches liegt.

Um der Gesellschaft willen bedürfen gute Lösungen in vielen Bereichen der Zusammenarbeit zwischen den besten wissenschaftlichen, technologischen und theologischen Kenntnissen und Fähigkeiten. Religiöse Lehren und Riten sind dauerhaft und zugleich doch auch veränderlich.

Lassen Sie mich die öffentliche Rolle der Theologie mit dem Hinweis darauf charakterisieren, wie viele Propheten und Prophetinnen ihre prophetische Aufgabe verwirklichen. Sie agieren als drei Personen in einer: Kritikerin, Kind und Clown. Meiner Ansicht nach passt dieses Schema auch perfekt auf die öffentliche Theologie.

---

[9] Westhelle, a.a.O. (s. Anm. 5), 8.
[10] A.a.O., 10.

Als Kritikerin wird die Theologie die Vernunft in höchsten Ehren halten und denkerische Schärfe und Ehrlichkeit einfordern, während sie zugleich die Grenzen der Vernunft und die Unabgeschlossenheit allen Wissens respektiert. Diese Selbstverpflichtung erfordert ein sorgsames, wagemutiges und weises Navigieren zwischen mehr als einer Gestalt von Skylla und Charybdis. Darüber hinaus ist ein Prophet oder eine Prophetin nicht ohne Geschichtskenntnisse: der theologische Kritiker und die theologische Kritikerin wird es wagen, die Sprache von Sünde, Vergebung und Segen zu benutzen, und überzeugend vertreten, dass Sünde und Segen bedeutsam für alle Diskurse sind.

Als Kind wird die Theologie niemals zu alt sein, um zu fragen: Warum? Mit dem Lebenshunger und der Neugier eines vierjährigen Kindes wird die Theologie die Dimension von Ehrfurcht und Staunen lebendig erhalten. Sie wird darauf bestehen, auch die Fragen zu stellen, die die Erwachsenen gelernt haben, als unangemessen zu vermeiden. In ihrem Umgang mit allen möglichen Mächten und Obrigkeiten sollten sich Theologen und Theologinnen daran erinnern, dass es ein Kind war, das des Kaisers neue Kleider als gar nicht vorhanden bezeichnete. Und wie Jesus lehrte, ist wer wie ein Kind wird der oder die Größte im Himmelreich (Mt 18,1–5). Das ist ein bedeutsamer Hinweis für das Handeln in der Welt. „Was ihr getan habt einem von diesen meinen geringsten Brüdern" (Mt 25,40) ist ein festes Kriterium auch für säkulares ethisches Denken. Was bedeutet dieses bestimmte Projekt für die Kinder dieser Welt? Was wird es ihnen nützen? Was wird es ihnen schaden?

Ein Clown steht für gutes und gesundes Lachen. Als Clown bleibt der Theologie nur der Mut, komisch auszusehen und sich auslachen zu lassen. Der Erfolg von Clowns beruht darauf, dass sie so mit den Kategorien von Ursache und Wirkung spielen, dass sie damit alle zum Lachen bringen. Ein bisschen im Sinne des erkenntnistheoretischen Ehrgeizes des postmodernen Denkens, das Erkenntnisgewinn aus den Sprüngen im Gefäß des objektiven Wissens zieht, setzt auch der Clown etwas frei durch das Aufbrechen eines ernsten und gefassten Gesichts, wenn dieses in Lachen ausbricht. Oder vielleicht besteht der Trick in einem Aktivitätsausbruch von Spiegelneuronen, einer Voraussetzung für Vertrauen, Mitgefühl und sogar Solidarität. Jenseits von Worten.

Clowns tun peinliche Dinge, aber sie bringen nie andere in peinliche Situationen – das nehmen sie immer auf sich selbst. Damit verschaffen sie denen, die über sie lachen, eine Befreiung. Die beste Clownerei hat immer etwas von stellvertretendem Leiden an sich, durch das andere befreit werden. Auf diese Weise ist sie ein Bild der Erlösung, nach der Wissenschaftler und Wissenschaftlerinnen und Theologen und Theologinnen so wie alle anderen Menschen und die übrige Schöpfung sich sehnen.

In der Rolle des Clowns wird die Theologie nicht gleich zu Anfang ausdrücklich von Gott oder der Heiligen Dreifaltigkeit sprechen. Sie wird vielmehr beginnen, indem sie an einer bestimmten Kultur teilhat und an ihr mitwirkt, während sie zugleich diese auf die Transzendenz hin öffnet. Das ist ein Ansatz, der gleichsam von unten ausgeht. Der Clown verfolgt diesen Ansatz, indem er auf subtile Weise mit den Kategorien der Kausalität spielt: Indem er auf immer wieder erstaunliche Weise das absolut Vorhersehbare tut (wie etwa straucheln und stolpern) in einer verblüffenden Symphonie der Verwundbarkeit und des Erstaunens. Die Kausalität wird nachdrücklich bestätigt – in ihrer Unbeholfenheit scheinen Clowns mehr als andere den Naturgesetzen unterworfen. Und doch dient diese radikale Unterwerfung des Clowns unter die Kausalitätsgesetze etwas anderem: Sie ruft im Betrachtenden eine Vision hervor, die über die Grenzen der mechanischen Kausalität hinausgeht. Die Kausalität wird ausdrücklich bestätigt, jedoch von innen auf die Transzendenz hin geöffnet. Das ist Kreativität: Etwas Neues entsteht nicht durch die Verneinung von Ursache und Wirkung, sondern durch die Teilhabe an der Symphonie von Verletzlichkeit und Erstaunen, Endlichkeit und Freiheit, Fall und Gnade.

Dieser Ansatz unterscheidet sich radikal von Weltanschauungen, die von einem angeblichen Dualismus von Natürlichem und Übernatürlichem ausgehen. Solche Anschauungen hängen üblicherweise einem starren Verteilungsschema an: Das Natürliche ist eine Sache der Wissenschaft und Technik, und das Übernatürliche eine des Glaubens. Obwohl überholt, sind solche Anschauungen immer noch im Schwange, insbesondere in Kreisen, die ein Interesse daran haben, die angebliche Irrationalität von Religion aufzuzeigen. Die Argumentation scheint zwingend: Wenn die Irrationalität der Kategorie des Übernatürlichen erfolgreich etabliert ist, sind Religion und Theologie automatisch bestenfalls redundant, im schlimmsten Fall schädlich. Das prophetische Bild des Clowns stellt diese Überzeugungen überzeugend infrage, indem es den Dualismus von Natürlichem und Übernatürlichem unterminiert. Die Theologie arbeitet ohne einen solchen Dualismus.

Ein Clown ist anders formuliert eine Idealfigur, die tief in einer luziden Analyse der Wirklichkeit verwurzelt ist. Das ist die Identität des Clowns: Clowns bringen einen spielerischen Idealismus auf eine Weise in Einklang mit einem vollkommenen Realismus, die Befreiung bewirkt. Das verleiht ihnen christusähnliche Züge. Es ist genau diese Kombination von Realismus und Idealismus, die die Faszination der Menschen an der Figur des Clowns lebendig erhält.

Das subtile und befreiende Spiel des Clowns mit der Kausalität ist zutiefst theologisch. Indem sie die Rolle des Clowns annimmt, bezeugt die Theologie das Göttlich: Kreativität entsteht, wo die Ernsthaftigkeit des

Ursache-Wirkung-Mechanismus durch befreiendes Lachen übertrumpft wird. Anders gesagt: Kreativität setzt eine transzendierte Ursache-Wirkung-Beziehung voraus, so wie sie ein Clown handhabt – nicht dadurch, dass er/sie die Ursache-Wirkung-Struktur des Natürlichen negiert, sondern indem er/sie gestattet, dass etwas Neues entstehen kann aus der Symphonie von Erstaunen und Verletzlichkeit. Auf ähnliche Weise tritt eine solch machtvolle Dynamik hervor, wenn die Wirklichkeit des Todes durch das große Osterlachen (*risus paschalis*) übertrumpft wird, das bekanntlich Bestandteil einiger spätmittelalterlicher christlicher Liturgien war.

Schlussbemerkung

Kritikerin, Kind und Clown: In jeder dieser Rollen kann die Theologie etwas Besonderes zu unserer gemeinsamen Suche nach einem adäquaten und nachhaltigen Wissen beitragen: einem Wissen, das der zweifachen Strategie von Evangelium und Gesetz gebührend Aufmerksamkeit schenkt und die Dekonstruktion als hermeneutischen Schlüssel für das Reich Gottes zu nutzen weiß. Wenn Theologie als Kritikerin, Kind und Clown prophetisch handelt, wird sie Unterschiede auf eine Weise respektieren, die Beziehungen ermöglicht, und Umfelder schaffen, wo Liebe gedeihen kann.

Wir finden eine Grundlage für eine lutherische öffentliche Theologie nicht, indem wir die Unterscheidung zwischen den zwei Reichen ablehnen, sondern indem wir diese neu überdenken und an Gottes zweifacher Mission der Rechtfertigung und Gerechtigkeit für diese Welt mit Vertrauen und Hoffnung teilhaben.

Gesetz und Evangelium und Zwei Reiche: Lutherische Unterscheidungen neu überdacht

Bernd Oberdorfer

Religion ist wichtig. Das war definitiv so im Europa des 16. Jahrhunderts. So wie zu Zeiten der ersten ökumenischen Konzilien in Byzanz, wie man sagt, sich selbst die Marktfrauen über die zwei Naturen Christi stritten, beherrschte auch in der Reformationszeit das Thema Religion die öffentliche Sphäre und veränderte die Welt. Theologische Einsichten auf der Grundlage des befreienden Konzepts der Rechtfertigung aus Gnade durch den Glauben verliehen der Theologie eine neue Bedeutung, die in vielerlei Hinsicht die Gesellschaft dauerhaft gestaltete.

Der Einfluss der reformatorischen Theologie auf die Gesellschaft ist immer kontrovers oder zumindest nicht einheitlich interpretiert worden. Zum Beispiel wurde der Reformation von Beginn an vorgeworfen, ihre nachdrückliche Betonung der Rechtfertigung allein durch Glauben mache das menschliche Handeln bedeutungslos, bewerte die Ethik zu gering, reduziere Menschen zu passiven Empfängern und zerstöre so die menschliche Würde, weil es nicht länger erforderlich sei, dass man für seine Handlungen die Verantwortung übernehme. Zugleich wurde darauf hingewiesen, dass die Reformation das Prestige des säkularen Lebens erhöhe. Die Reformatoren schafften zum Beispiel die Unterscheidung zwischen dem „Klerus" und dem „Laienstand" ab und vertraten die Auffassung, es gebe nur einen Status oder Stand im Christentum, und dieser gründe auf der gemeinsamen Taufe. Sie lehnten deshalb eine „zweistufige Ethik" ab, die die „normalen" Christen auf die zehn Gebote beschränkte, während die Mönche und der Klerus, die „vollkommenen" Christen, würdig genug waren, zusätzlich die *consilia evangelica*, die „evangelischen Räte“, zu befolgen, d.h. Armut, Keuschheit und Gehorsam. Luther bestand darauf, dass alle Christen befreit sind und die Aufgabe haben, die Liebe im täglichen Leben zu praktizieren, sei es in der Kirche oder in der säkularen Welt. Dies führte zu einer neuen Wertschätzung der weltlichen Berufe, die nun ebenfalls als „Berufungen“ angesehen wurden.

Hinsichtlich der geschichtlichen Wirkungen wurde und wird diese neue Einschätzung des sozialen Lebens sehr unterschiedlich beurteilt. Einerseits wurde festgestellt, dass das theologische quasi „Upgrading“ der weltlichen Berufe eine Ausweitung der „Sphäre des Heiligen“ mit sich brachte. Während also die Reformatoren, so hieß es, einerseits die Klöster schlossen, verwandelten sie stattdessen die ganze Welt in ein Kloster. Andererseits ist ebendieses Phänomen als ein wichtiger Schritt in Richtung Säkularisierung interpretiert worden. Dies kann kritisch wie auch affirmativ gemeint sein. Kritiker wie Charles Taylor[1] haben nachdrücklich herausgestellt, dass durch die Einebnung der Unterschiede zwischen Klerus und Laien und die Abschaffung vieler Formen des religiösen Lebens wie etwa Ordensgelübden, Reliquien, Prozessionen, Pilgerfahrten, Heiligenverehrung usw. die Reformatoren die Welt ernüchtert und die besondere Sphäre des Religiösen ausgelöscht hätten, dass die Religion damit zunehmend unsichtbar gemacht worden sei, weil sie sich in die Gesellschaft auflöste und schließlich nicht mehr von ihr unterscheidbar wurde. Andere betonten, die Säkularisierung habe eine Welt hervorgebracht, in der die Religion den ihr gemäßen Platz finde, eben weil sie ihre umfassende Autorität verloren habe und nur noch für sich selbst, ihre inneren religiösen Angelegenheiten, verantwortlich sei, und dass die Reformation in diesem Prozess eine wichtige Rolle gespielt habe. Daher sollte die Säkularisation von der Religion selbst begrüßt werden, weil sie dazu beitrage, Gott zu geben, was Gottes ist, und dem Kaiser, was des Kaisers ist.

Max Weber entwickelte eine andere Perspektive.[2] Er stellte fest, dass dem modernen Kapitalismus auf Seiten des Unternehmers eine besondere mentale Disposition entspreche, die hauptsächlich in Ländern unter dem Einfluss des Calvinismus bzw. des calvinistischen Puritanismus anzutreffen

---

[1] Vgl. Charles Taylor, A Secular Age (Cambridge/MA: Harvard University Press, 2007). (Dt. Übersetzung: Charles Taylor, Ein säkulares Zeitalter, Frankfurt a.M.: Suhrkamp, 2009).

[2] Siehe insbes. Max Weber: Die protestantische Ethik und der Geist des Kapitalismus, zuerst 1904/05 erschienen; überarbeitet 1920; zahlr. Ausgaben, z.B. München: Beck, 2010. Engl. Übersetzung: Max Weber, The Protestant Ethic and the Spirit of Capitalism, transl. Talcott Parsons with an introduction by Anthony Giddens (London/New York: Routledge Classics, 2001).

war. Er nahm deshalb an, dass es einen Kausalzusammenhang zwischen der calvinistischen Theologie und dem mentalen Habitus der wirtschaftlichen Akteure geben müsse. Er sah einen solchen Zusammenhang bei der calvinistischen Vorstellung des *syllogismus practicus*, d.h. der Vorstellung, dass sich die ewige (Vorher)bestimmung des Individuums in seiner arbeitsamen, nicht genusssüchtigen Lebenshaltung und dem daraus folgenden Wohlstand zeige. Obwohl dieser besondere Zusammenhang wie auch seine Einschätzung des Luthertums kritisch diskutiert wurde, hatte Webers Grunderkenntnis, dass Religion die individuelle Einstellung zum Leben prägt und damit einen indirekten und sogar unbeabsichtigten Einfluss auf die Kultur, Politik und Wirtschaft hat, zahlreiche Forschungsarbeiten in den Gesellschaftswissenschaften und der Religionswissenschaft inspiriert.

Somit ist es eine komplexe Frage, auf welche Weise die Reformation Gesellschaft, Politik und Wirtschaft beeinflusst hat. Was die historischen Ursprünge betrifft, so begann die Reformation ganz klar mit einer Kritik, zuerst an der Profanierung der Kirche und ihrer Pervertierung in eine Institution mit weltlichen Strukturen, Interessen und Zielen, und zweitens der Monetarisierung der Erlösung, wie sie in dem Verkauf von Ablassbriefen offensichtlich wurde. Luthers Erkenntnis der Rechtfertigung allein durch Glauben führte zu der deutlichen Botschaft, dass Erlösung nicht für Geld zu haben ist. Von Anfang an bekämpfte die Reformation die Verwechslung zwischen und die Kombination von Religion und Wirtschaft oder Politik. Reformation bedeutete eine Rückkehr der Kirche zu ihrer ursprünglichen und rechten Gestalt und Aufgabe der Verbreitung des Evangeliums, die nach Ansicht der Reformatoren verdeckt worden war durch diese Verschmelzung von Religion und Politik. Ganz sicher wollten sie nicht einen Rückzug der Kirche aus der Welt. Nicht zufällig stellte Luther in seiner bahnbrechenden Schrift „An den christlichen Adel deutscher Nation: von des christlichen Standes Besserung (1520)" nicht nur die Reform der Kirche in den Mittelpunkt, sondern plädierte auch für Reformen in Politik und Gesellschaft. Er war davon überzeugt, dass die Krise in der Kirche auch eine Krise in der Gesellschaft hervorrief und dass die Reformierung der Kirche auch Einfluss auf die Gesellschaft haben würde. Mit anderen Worten: Durch ihre Unterscheidung von Kirche und „Welt" wollten die Reformatoren nicht die Kirche von der „Welt" isolieren, sondern vielmehr die Kirche wieder befähigen, der „Welt" zu dienen. Die Reformation ging somit immer mit der Diagnose einer Krise der Gesellschaft einher und mit der Absicht, die Gesellschaft zu verändern.

Reformation bedeutete Unterscheidung. Aber Unterscheidung bedeutete nicht Trennung oder Isolation. Im Gegenteil, es bedeutete die Bestimmung von Unterschieden, um Beziehungen herzustellen. Die bekanntesten während der lutherischen Reformation entwickelten Unterscheidungen sind die zwischen „Gesetz und Evangelium" und den „zwei Reichen". Im Folgenden möchte ich zeigen, dass beide den Zweck haben, die Kirche in ihren besonderen Funktionen zu bestimmen, wozu auch ihre Beziehungen zur „Welt" gehören. Darüber hinaus sollen sie die wirkliche Würde der „Welt" im Lichte des Evangeliums herausstellen und Grundlinien eines christlichen Umgangs mit ihr aufzeigen.

Gesetz und Evangelium

Während die Unterscheidung zwischen den zwei Reichen gleichsam die Außengrenze der Kirche markiert, definiert die Unterscheidung von Gesetz und Evangelium die innere Identität der Kirche. Für Luther war diese Unterscheidung so entscheidend, dass er schrieb: „Wer darum das Evangelium und das Gesetz gut zu unterscheiden weiß, sage Gott Dank und wisse, dass er ein Theologe ist."[3] Für Luther wurzelten sowohl die römischen als auch die täuferischen Irrtümer in der Verwechslung von Gesetz und Evangelium. Seiner Ansicht nach machte die römische Kirche aus dem Evangelium ein Gesetz, indem sie als Voraussetzung für die Erlösung menschliche Werke einforderte – aber auch indem sie den gewöhnlichen Leuten erschwingliche Möglichkeiten anbot, Gottes Forderungen zu erfüllen (was es so aussehen ließ, als ob Erlösung für Geld zu haben sei). Nach Ansicht Luthers wandelten die Täufer das Evangelium in ein Gesetzbuch für die christliche Gemeinschaft um und machten so aus der Erlösung eine menschliche Tat. In seinem berühmten autobiografischen Rückblick von 1545[4] erinnerte sich Luther daran, wie er gelitten hatte, weil er wusste, dass er niemals gerecht sein könnte vor dem gerechten Gott, bis er begriff, dass die wahre Gerechtigkeit die ist, „durch welche der Gerechte durch die Gabe Gottes lebt, nämlich durch den Glauben"[5], mit anderen Worten: nicht Gesetz, sondern Evangelium.

Aus dieser grundlegenden Erkenntnis ergibt sich eine ganze Reihe von Konsequenzen, für die Kirche selbst wie auch im Blick auf eine christliche Wahrnehmung der Gesellschaft. Zunächst, wenn Erlösung eine reine Gabe ist, kann und braucht sie nicht verdient oder erworben werden. Dies implizierte eine Kritik am mittelalterlichen System der Buße, die die Absolution zunächst von Akten der Reue und dann von Genugtuungs-

---

[3] D. Martin Luthers Epistel-Auslegung, 4. Bd. Der Galaterbrief, hg. von Hermann Kleinknecht (Vandenhoek & Ruprecht: Göttingen, [2]1987), 80.

[4] Vgl. Martin Luther, „Vorrede über den ersten Teil seiner lateinischen Bücher, 1545", in: WA 14, 438–449.

[5] A.a.O. 446.

leistungen abhängig machte. Weiterhin beinhaltete sie eine Kritik an der Kirche, die den Christen und Christinnen ohne biblische Legitimation neue Regeln wie das Fasten auferlegte und behauptete, sie seien unabdingbar für die ewige Erlösung. Diese Kritik weitete sich aus auf die populären „günstigen Angebote", wie etwa Ablässe, die die Kirche machte, um den christlichen Weg zur ewigen Erfüllung zu erleichtern, weil es in der Logik von solch „günstigen Angeboten" lag, die Menschen glauben zu machen, die Erlösung hänge davon ab, wie viel sie dafür zahlen würden. Das Predigen des Evangeliums in den Mittelpunkt zu stellen, erforderte somit eine Neustrukturierung der Kirche selbst. Und hinsichtlich des Inhalts des Predigens erforderte es auch eine neue besondere Betonung der Freiheit, denn das Evangelium predigen heißt zu vermitteln, dass Erlösung eine freie Gabe ist, die Christen und Christinnen von dem strapaziösen Druck befreit, ihre eigen Erlösung bewirken zu müssen.

Zwischen Gesetz und Evangelium zu unterscheiden, bedeutet jedoch nicht, das Gesetz abzuschaffen. Tatsächlich gab es innerhalb der lutherischen Bewegung einige Theologen, die „Antinomisten", die behaupteten, dass für Christen und Christinnen das Gesetz seine Bedeutung verloren habe. Aber Luther widersprach dieser Auffassung entschieden. Das Gesetz wäre nur überflüssig, wenn wir bereits in einem Zustand der Vollkommenheit lebten. Wir leben aber noch in einem Zustand des Übergangs, in dem unsere Gewissheit, errettet zu sein, stets Gefahr läuft, aufgrund der mangelnden Gewissheit der Erlösung verlorenzugehen. So fallen wir oft wieder in unser altes Leben zurück. Wir sind „zugleich gerecht und Sünder" (*simul iustus et peccator*). Deshalb brauchen wir immer noch das Gesetz in seinem, wie es die lutherische Lehre nennt, „theologischen Gebrauch" (*usus theologicus* oder *elenchticus*). Hier fungiert das Gesetz nicht als Weg der Erlösung, sondern als Weg zur Erlösung. Es erinnert uns an unsere mangelnde Vollkommenheit. Es ist ein Spiegel, der uns zeigt, dass wir immer noch nicht Gottes Willen erfüllen und nicht fähig sind, unsere Unfähigkeit selbst zu überwinden. Das Gesetz gibt uns ein realistisches, ernüchterndes Bild unserer selbst. Wir sind weder das, was wir sein sollen, noch was wir sein wollen, und wir können uns auch nicht zu dem machen, was wir sein sollen und wollen. Das Gesetz führt uns in eine heilsame Verzweiflung.

Dieses Paradox klingt vielleicht wie aus einem Handbuch des Sadomasochismus, aber so ist es nicht. „Heilsame Verzweiflung" bedeutet nicht Lust durch das Fühlen von Schmerz oder, noch schlimmer, Gottes Lust, Schmerzen zuzufügen. Die Verzweiflung ist nicht an sich heilsam, sondern nur insofern sie die Hoffnung auf das Evangelium lenkt. Das Gesetz, sagt Paulus in seinem Brief an die Galater, ist „unser Zuchtmeister gewesen auf Christus hin" (Gal 3,24). Das Gesetz ist anders formuliert deshalb heilsam, weil es alle menschengemachten Wege zur Erlösung abschneidet und nur den Weg übrig lässt, den Gott gewählt hat, indem er seinen Sohn sandte.

Aber neben dieser „negativen Funktion" hat das Gesetz auch eine positive, die seine Relevanz für die Sozialethik ausmacht. Die lutherischen Reformatoren nannten es den *usus politicus,* den „politischen Gebrauch" des Gesetzes. Dieser Gebrauch bezieht sich auf die Ordnung der Gesellschaft. Die Reformatoren waren überzeugt, dass es Teil von Gottes Willen ist, Gottes Schöpfung zu bewahren und zu erhalten und Kultur und Natur, und somit auch die menschlichen Gesellschaften, in guter Ordnung zu halten. Gottes Gesetz gibt Orientierung für das individuelle und das soziale Leben, und Gott führte Institutionen ein, um die auf dem Gesetz gegründete gesellschaftliche Ordnung aufzubauen, zu erhalten und zu schützen. Mit Bezug auf Römer 1–3 betrachteten die Reformatoren das Gesetz als universell gültig und folglich als für alle Menschen verbindliche Autorität. Während die Juden das Privileg hatten, das Gesetz in Schriftform zu erhalten, haben alle anderen Menschen dasselbe Gesetz in ihren Herzen eingeschrieben. Luther sah sich deshalb berechtigt, den Text des Dekalogs zum Gebrauch in seinem „Kleinen Katechismus" zu ändern. Er korrigierte alle Hinweise auf den besonderen Kontext des alttestamentarischen Israel und ersetzte sie durch allgemeine Begriffe wie „Feiertag" anstelle von „Sabbat". Natürlich beinhaltete das Gesetz dann nur jene Teile der Tora, die sich nicht speziell auf bestimmte kultische Praktiken bezogen, sondern vielmehr als eine universelle Ethik anwendbar waren.

Offensichtlich kann das Gesetz diese „politische" Funktion nur haben, weil es nicht das Evangelium ist. Es gibt nur dem äußeren Leben Richtung, aber berührt nicht die Seele (und ist nicht berechtigt dazu). Es hat weder die Kompetenz noch die Verantwortung, das Evangelium zu verbreiten. Das so angewandte Gesetz ist nicht nur für Christen und Christinnen gültig, sondern für alle Menschen. Luther wies deshalb manchmal den christlichen Adelsstand polemisch darauf hin, dass die türkischen Sultane anscheinend ihren Staat besser regierten als sie.

Mit dem *usus politicus* des Gesetzes haben wir bereits die andere grundlegende Unterscheidung der lutherischen Reformation angesprochen, die „Zwei Reiche".

Die „Zwei Reiche"

Die lutherische Unterscheidung zwischen zwei Reichen hat man aufgrund der vielen verschiedenen Erklärungen einen „Irrgarten" genannt. Es ist interessant, dass sie erst im 20. Jahrhundert als „Lehre" bezeichnet wurde. Bemerkenswert ist auch, dass der Begriff Zwei-Reiche-Lehre mit kritischer

Absicht von dem reformierten Theologen Karl Barth eingeführt wurde. Barth behauptete, dass die Unterscheidung zwischen Gottes Reich (oder dem Christi) und dem weltlichen Reich den Rückzug der Kirche von der Welt zur Folge habe (oder sogar darauf abziele). Indem sie der weltlichen Sphäre der Politik, Wirtschaft oder Kultur Autonomie zuschreibe, so Barth, habe die lutherische Tradition die sich auf den ganzen Kosmos erstreckende Königsherrschaft Christi geschmälert. Damit habe sie Teil an den Anschauungen der Moderne, die Barth als einen Prozess der Emanzipation von Gott interpretiert.

Ich halte Barths Kritik an der Moderne für einseitig. Auf jeden Fall war es keine Absicht, mit der Unterscheidung der Zwei Reiche Gottes fürsorgliche Haltung der Welt gegenüber zu relativieren. Der Begriff Reich mag vielleicht eine räumliche Trennung zwei unterschiedlicher Räume nahelegen, die sich Seite an Seite befinden und nichts miteinander zu tun haben, jedoch zeigt die alternative Terminologie der zwei Regimente, dass diese Unterscheidung zwei unterschiedliche Weisen bezeichnet, in der Gott Gottes eine Welt regiert, oder die zwei unterschiedlichen Weisen, in der Gott für Gottes eine Welt sorgt: auf der einen Seite durch die Offenbarung und Verbreitung von Gottes *euangelion;* auf der anderen Seite durch die Errichtung einer festen Ordnung, die Frieden im gesellschaftlichen Leben gewährleistet. Luther nennt das erste Gottes „eigentliches Werk" (*opus proprium*), weil die Verbreitung des Evangeliums ganz rein Gottes wirkliches Wesen ausdrückt, das Liebe ist. Das zweite ist Gottes „fremdes Werk" (*opus alienum*), weil es nur aus äußeren Gründen notwendig ist, nämlich wegen der menschlichen Sünde, die Unordnung und Zerstörung in der Gesellschaft verursacht. Es ist darum die gottgegebene Pflicht der politischen Autorität, die Unordnung zu bekämpfen und eine feste und friedliche Ordnung des äußeren Lebens der Menschen zu errichten, zu organisieren und zu schützen. Dies ist natürlich auch durch Gottes Liebe motiviert, denn es ist Teil von Gottes *conservatio mundi*: Gott lässt uns nicht alleine mit dem Durcheinander, das wir selbst angerichtet haben. Es ist aber kein direkter Ausdruck von Gottes Liebe, denn die Autoritäten müssen die Zuständigkeit und die Fähigkeit haben, Menschen zu zwingen, den Regeln zu gehorchen, oder Macht zu gebrauchen, um Gewalt zu überwinden. Das sieht nicht immer wie ein Akt der Liebe aus.

Die Unterscheidung zwischen den beiden Reichen hat eine Reihe von Konsequenzen, sowohl für die Kirche als auch für die Welt. Für die Kirche bedeutet sie eine Kritik an jeglichem Versuch, die Verbreitung des Evangeliums durch äußeren Zwang zu fördern. Die berühmten Worte der CA XXVIII, dass nämlich die Bischöfe das Evangelium *sine vi humana, sed verbo,* „ohne menschliche Gewalt, sondern allein durch Gottes Wort" predigen sollten, beschreibt genau den Charakter des kirchlichen *opus proprium*: überzeugen, nicht zwingen. Die Reformatoren vertrauten auf die überzeugte Macht von Gottes Wort selbst. Wir mögen uns fragen, warum dies nicht unmittelbar zu der Vorstellung der Religionsfreiheit und Toleranz geführt hat, und werden uns vielleicht an die intoleranten Handlungen und den religiösen Zwang erinnern, die sie ausüben konnten und wollten: die Ausweisung Karlstadts, die Verfolgung der „Wiedertäufer", die hemmungslose Polemik gegen die Juden, um nur einige zu nennen.

Aus heutiger Perspektive ist dies ein offensichtlicher Selbstwiderspruch. Ich glaube jedoch, dass in diesen Fällen die Reformatoren nicht mit dem *opus proprium*, sondern mit dem *opus alienum* argumentierten. Sie dachten, dass die Verbreitung alternativer Interpretationen des Evangeliums (von Häresien ganz zu schweigen), die Menschen verwirren und zu kontroversen Debatten führen würde, die den Frieden in der Gesellschaft gefährden könnten. Deshalb betrachteten sie es als einen Teil der Verantwortung des Staates, die Bürger und Bürgerinnen vor dieser Verwirrung zu schützen. Anders als heute erschien die friedliche Koexistenz von Menschen mit unterschiedlichem religiösem Hintergrund im sechzehnten Jahrhundert unmöglich. Darüber hinaus war auch das Rechtssystem noch nicht wirklich von der Religion getrennt worden. Deshalb bildete eine Häresie, wie das Bezweifeln der Lehre von der Trinität oder der Kindertaufe ein Verbrechen, das verfolgt werden musste. Das *sine vi humana, sed verbo* entfaltete sein volles Potenzial erst Jahrhunderte nach der Reformation.

Was die Welt betrifft, so ist es wichtig zu erkennen, dass die Reformatoren zwischen den beiden Reichen unterschieden haben: Sie betrachteten die *civitas terrena* nicht als *civitas Diaboli*. Natürlich rechnete insbesondere Luther mit der Macht des Teufels. In seinem berühmten Kirchenlied „Ein feste Burg ist unser Gott" nannte er ihn sogar den „Fürst dieser Welt" und fügte hinzu „auf Erd ist nicht seinsgleichen". Dies bedeutet jedoch nicht, dass die Welt ein Bereich außerhalb von Gottes Macht ist, den Christen und Christinnen fliehen müssen. Die lutherische Reformation unterstützte keinen Eskapismus oder „Quietismus", wie oft behauptet wurde. Im Gegenteil, diese Welt wird weiterhin von Gott regiert, und Gott begrenzt die Macht des Teufels, indem er Regeln setzt und Institutionen schafft, um die gute Ordnung der sozialen Welt zu schützen. Deshalb sind Christen und Christinnen berechtigt und sogar verpflichtet, sich an der Erhaltung der gesellschaftlichen Ordnung zu beteiligen. Dies wird deutlich in CA XVI ausgedrückt

> Von den weltlichen Angelegenheiten lehren sie: Die weltlichen Rechtsordnungen sind gute Gotteswerke. Es ist den Christen erlaubt, obrigkeitliche Ämter zu führen, Richter zu sein, Recht zu sprechen nach den kaiserlichen und anderen geltenden Gesetzen, die Todesstrafe nach dem Recht zu verhängen, nach dem Recht Krieg

> zu führen, Soldatendienst zu tun, nach dem Gesetz Verträge zu schließen, Eigentum zu haben, Eide zu leisten auf Geheiß der Obrigkeiten, ein Weib zu nehmen, zu heiraten.[6]

Das Bekenntnis verurteilt ausdrücklich erstens „die Wiedertäufer, welche den Christen diese weltlichen Geschäfte verbieten"[7] und zweitens „jene, welche die christliche Vollkommenheit nicht in Gottesfurcht und Glauben verlegen, sondern in die Flucht vor den weltlichen Geschäften"[8] (mit Blick auf die Behauptung, dass das monastische Leben die vollkommene Form des christlichen Lebens sei). Wiederholt insistiert das Bekenntnis darauf, dass das Evangelium auf die „Gerechtigkeit des Herzens" abziele und keinen alternativen Lebensstil verlange, der mit den „weltlichen Rechtsordnungen" wie dem Staat oder der Familie konkurriere.

Das Bekenntnis deutet fast unauffällig die theologische Einschätzung des bürgerlichen Lebens durch die Reformatoren an. Sie ist verdichtet in dem Wort „Liebe". Das Evangelium selbst – wie es das Bekenntnis formuliert – „zerstört [...] keineswegs das staatliche oder soziale Wesen, sondern fordert ernstlich, es als Gottesordnung zu erhalten und Liebe darin zu üben".[9] „Weltliche Angelegenheiten" sind mit anderen Worten der Bereich, wo (und nicht jenseits davon) Christen und Christinnen Nächstenliebe praktizieren sollen. Sich in weltlichen Angelegenheiten zu engagieren ist deshalb eine Frage der christlichen Liebe. Dies bedeutet nicht nur, dass Christen und Christinnen aufgefordert sind, auch dann Liebe zu praktizieren, wenn sie mit weltlichen Angelegenheiten befasst sind. Es bedeutet vielmehr auch, dass weltliche Angelegenheiten selbst Institutionen der Liebe sind, weil Gott sie eingerichtet hat, um dem gesellschaftlichen Leben eine feste Ordnung zu geben, die dem friedlichen Leben der Menschen Rahmen und Struktur verleiht. Das ist der Grund, warum Lutheraner und Lutheranerinnen immer die Loyalität gegenüber der staatlichen Autorität und den staatlichen

---

[6] Augsburger Bekenntnis, Artikel XVI, De rebus civilibus. Übersetzung des lateinischen Textes von H. Bornkamm. (Das Augsburger Bekenntnis, hg. von Heinrich Bornkamm, Hamburg 1965, 23f.) Die Verdammung der Täufer durch das Augsburger Bekenntnis ist von einigen Reformatoren dazu benutzt worden, die Verfolgung der Täufer zu rechtfertigen. Auf seiner Elften Vollversammlung im Jahr 2010 hat der LWB die Mennoniten um Vergebung gebeten und verpflichtete sich, „die lutherischen Bekenntnisschriften im Licht der gemeinsam beschriebenen Geschichte von Lutheranern und Mennoniten zu interpretieren". Siehe Heilung der Erinnerungen. Die Bedeutung der lutherisch-mennonitischen Versöhnung, LWB-Studien 2016/02 (Leipzig: Evangelische Verlagsanstalt, 2017), 155.

[7] Augsburger Bekenntnis, a.a.O., 24.

[8] A.a.O.

[9] A.a.O.

Institutionen betont haben. Bekanntlich ist dies als „lutherischer Autoritarismus" kritisiert worden, die bei Lutheranern und Lutheranerinnen zu einer dauerhaften Fremdbestimmung geführt hat. Das Resultat war die Abhängigkeit lutherischer Kirchen vom Staat, was sie daran hinderte, eine zivilgesellschaftliche Kultur zu entwickeln oder zu pflegen. Geschichtlich gesehen müssen wir zugeben, dass daran etwas Wahres ist, insbesondere was Deutschland betrifft. Aus einer systematischeren Perspektive sehe ich ein beträchtliches Potenzial in der Vorstellung, dass das menschliche Wohlbefinden stabile Institutionen (oder Institutionen der Stabilität) erfordert, und dass Loyalität diesen Institutionen gegenüber, die Übernahme von Verantwortung für ihre Erhaltung und weitere Entwicklung, ein Ausdruck christlicher Liebe ist.

Diese Vorstellung muss natürlich an die Strukturen und Standards der modernen Gesellschaft angepasst werden. Wenn das Augsburger Bekenntnis feststellt, „[d]eshalb sind die Christen unbedingt verpflichtet, ihren Obrigkeiten und den Gesetzen zu gehorchen" (CA XVI)[10], müssen wir bedenken, was dies heute hinsichtlich der Strukturen moderner Gesellschaften bedeutet, die nach dem Soziologen Niklas Luhman[11] nicht länger hierarchisch und monozentriert, sondern „funktionell differenziert" sind, und in denen das politische System sehr viel partizipatorischer ist, als es das im sechzehnten Jahrhundert war. Den Obrigkeiten gehorchen könnte eher bedeuten, loyal zu den Verfahren der demokratischen Entscheidungsfindung zu stehen, die Ergebnisse von Wahlen zu akzeptieren, sich zur Wahl zu stellen usw. Das Bekenntnis erwähnt auch das Gesetz. Gehorsam dem Gesetz gegenüber könnte heutzutage mit einschließen, die Existenz von Rechten zu verteidigen, nämlich die Bürger- oder Menschenrechte, die in viele Verfassungen aufgenommen worden sind, Korruption und andere illegale Formen der Vorteilsnahme zu bekämpfen usw.

Es ist von wesentlicher Bedeutung, dass das Augsburger Bekenntnis nicht unbedingt fordert, den „Obrigkeiten und Gesetzen zu gehorchen". Es spricht von „Recht sprechen" oder „nach dem Recht Kriege zu führen" und von „weltlichen Rechtsordnungen" und verweist so durch die Einführung der Kategorie der Gerechtigkeit darauf, dass nicht jedes Gesetz und jede Obrigkeit als Ausdruck der „guten Werke Gottes" betrachtet werden kann. Ausdrücklich fügt es nach dem Satz „[d]eshalb sind die Christen unbedingt verpflichtet, ihren Obrigkeiten und den Gesetzen zu gehorchen" hinzu, „es sei denn, sie verlangten, Sünde zu tun, denn dann muß man Gott mehr gehorchen als den Menschen, Apostelgesch. 5".[12]

---

[10] A.a.O.

[11] Vgl. Niklas Luhmann, Soziale Systeme (Frankfurt a.M.: Suhrkamp, 1984).

[12] A.a.O.

Luther war sehr zurückhaltend mit dieser Einschränkung. Für ihn war Ordnung an sich solch ein Segen, dass er bereit war, eine schlechte Ordnung dem Chaos vorzuziehen, das wahrscheinlich Proteste und Aufstände verursachen würden. Im Falle eines notwendigen Widerstandes gab er deshalb dem passiven Märtyrertum den Vorzug vor aktivem Widerstand. Aber dies ist innerhalb des Luthertums ein Gegenstand der Diskussion geblieben. Auf jeden Fall ist die Relativierung des Gehorsams ein Zeichen für einen „anti-totalitären Impuls", der sehr gut zu der Unterscheidung der „zwei Reiche" passt Das „Reich der Welt" ist nicht die Sphäre der Vollkommenheit und absoluter Entscheidungen, sondern die Sphäre der Unvollkommenheit und von Prioritäten. In seinen Texten zur „Ethik"[13] hat Dietrich Bonhoeffer die sehr angemessene Kategorie des „Vorletzten" eingeführt, um Fragestellungen des weltlichen Lebens zu kennzeichnen, die Sphäre ethischer Entscheidungen. Diese „vorletzten" Fragen determinieren nicht die „letzte" Frage der ewigen Erlösung, aber haben eben darum ihr eigenes Gewicht. Für den christlichen Glauben sind sie weder ein Bereich der Indifferenz (*anything goes*) noch ein Bereich des permanenten *status confessionis*. Das weltliche Leben soll den Glauben des „Herzens" durch die „leiblichen" Werke der Liebe bezeugen, ausdrücken und widerspiegeln. Die Sphäre der „Werke" erfordert sehr selten ein ausschließliches „Entweder-oder". Meist ist sie eine Sphäre des „mehr oder weniger", d.h., sie beinhaltet eine Bandbreite von Möglichkeiten, die „mehr oder weniger" angemessene Ausdrucksformen der christlichen Liebe sind. Es kann nicht im Vorhinein entschieden werden, was mehr oder was weniger ist. Es hängt von den Umständen ab, die sich auch verändern können. Diese Vorstellung ist grundlegend für die paulinische Ethik: „Alles ist erlaubt, aber nicht alles baut auf" und „Prüft aber alles und das Gute behaltet".[14]

Was folgt daraus hinsichtlich des Einflusses der Theologie auf das gesellschaftliche Leben? Ich möchte schließen mit einigen kurzen Bemerkungen zu einem berühmten, höchst umstrittenen Beispiel dafür, wie Luther mit Fragen der Sozialethik umging: seinen berüchtigten Verlautbarungen während des Bauernkrieges.

---

[13] Vgl. Dietrich Bonhoeffer, Werke, Bd. 6, Ethik (Gütersloh: Gütersloher Verl.-Haus, 1998).

[14] Vgl. Bernd Oberdorfer, „A New Life in Christ: Pauline Ethics, and its Lutheran Reception", in: Eve-Marie Becker/Kenneth Mtata (eds.), Pauline Hermeneutics: Exploring the „Power of the Gospel", LWF Studies 2016/3 (Leipzig: Evangelische Verlagsanstalt, 2016), 159; 163.

Luther zum Bauernkrieg: Abschliessende Bemerkungen

Wenn man bedenkt, dass der Kirche heute häufig geraten wird, *in rebus politicis* still zu sein, weil das nun einmal nicht ihr Geschäft sei, ist es an sich schon bemerkenswert, dass sich Luther zur Politik geäußert hat. Er war natürlich eine öffentliche Figur, deren Äußerungen gesammelt (siehe die *Tischreden*) und verbreitet wurden. Aber er äußerte seine Ansichten nicht einfach als ein „öffentlicher Intellektueller" (wie wir es heute sagen würden), sondern bewusst als Theologe. Im Einklang mit seinem Konzept der „zwei Reiche" beanspruchte er für sich nicht die Rolle des obersten Richters in Fragen der Kultur, Politik und Wirtschaft. Er betonte, die Kirche habe in diesen Dingen kein höheres Wissen. Und er stellte auch klar, dass die Bibel keine konkreten Vorschläge anbietet, wie man ein Haus baut, einen Staat regiert, Kinder erzieht, ein Geschäft führt usw. Nichtsdestotrotz zögerte er nicht, sich über soziale Konflikte und politische Krisen zu äußern. Von besonderer Bedeutung sind seine Äußerungen während des Bauernkrieges des Jahres 1525.[15]

Luther fühlte sich aus verschiedenen Gründen gezwungen, sich dazu zu äußern. Erstens beriefen sich die Bauern auf seine reformatorische Vorstellung von der „christlichen Freiheit", wenn sie von ihren Herren Freiheit forderten. Somit konnten ihn diese Herren beschuldigen, für die Aufstände verantwortlich zu sein. Zweitens leiteten die Bauern ihre politischen und wirtschaftlichen Forderungen direkt aus dem Evangelium ab. Drittens kämpften sie für ihre Sache auf eine nicht legale, gewaltsame Weise, verweigerten den Obrigkeiten den Gehorsam und destabilisierten die gesellschaftliche Ordnung. Obwohl er die Klagen der Bauern über die ungerechte Behandlung durch ihre Herren im Ganzen als legitim erachtete und viele ihrer politischen Forderungen unterstützte, war er doch der Ansicht, dass die Bauern wenigstens in zweierlei Hinsicht im Unrecht waren. Sie verwechselten Gesetz und Evangelium, indem sie aus dem Evangelium das Gesetz machten, und sie verachteten die in Gottes weltlichem Reich gültigen Regeln und Grundsätze, indem sie gewaltsam gegen die Obrigkeit rebellierten und die Ordnung in Chaos verwandelten. Er kritisierte also einerseits den Adel, weil er die Bauern schlecht behandelte, und forderte ihn nachdrücklich auf, auf die legitimen Forderungen der Bauern einzugehen,

[15] Vgl. insbesondere Martin Luther, „Ermahnung zum Frieden auf die zwölf Artikel der Bauernschaft in Schwaben", in: WA 18, 291–334, DDStA, Bd. 3, 456–499; „Wider die räuberischen und mörderischen Rotten der Bauern", in: WA 18, 357–61, DDStA, Bd. 3, 504–513; „Ein Sendbrief von dem harten Büchlein wider die Bauern", in: WA 18, 384–401, DDStA, Bd. 3, 518–555.

während er ihn andererseits eindringlich aufforderte, den Aufstand mit den härtesten Mitteln niederzuschlagen. Er sagte sogar, dass sie Gottes Werk täten, wenn sie das Schwert gegen die aufrührerischen Bauern gebrauchten. Er drängte sie mit anderen Worten, im Namen Gottes Gewalt anzuwenden.

Wir würden heute vielleicht dazu tendieren zu sagen: *si tacuisses* – wenn du (nur) geschwiegen hättest. Aber selbst in diesen seinen berüchtigten, schrecklichen, rüden und fast blasphemischen Worten können wir noch die positive Einschätzung des Reformators der Welt entdecken als einer Sphäre von Gottes fürsorgender und bewahrender Macht. Luthers Anliegen war es, die für ein friedliches Leben wesentliche gesellschaftliche Ordnung zu schützen und zu festigen. Er war überzeugt, dass es in einer von der Sünde befleckten Welt manchmal notwendig ist, Gewalt zu gebrauchen. Im Gegensatz zu seinen aggressiven verbalen Ausbrüchen gegen die Bauern jedoch, band er den Gebrauch von Gewalt strikt an Gesetzt und Rechtmäßigkeit. Einige Jahre später erklärte er in seiner Reihe von Predigten zur Bergpredigt im Jahre 1532 ausdrücklich, dass Fürsten, die einen Krieg ohne legitimen Grund anfingen, eher „Kinder des Teufels" als „Kinder Gottes" genannt werden sollten, und forderte diejenigen, denen Unrecht widerfuhr, auf, sich an das Gericht zu wenden, anstatt individuelle Vergeltung zu suchen.[16] Im Grundsatz steht dies im Einklang mit seinen Äußerungen über den Bauernkrieg. Er kritisierte die Bauern, weil sie nicht den Weg des Rechts beschritten, als es darum ging, ihre Anliegen durchzusetzen, und er wandte sich ausschließlich an die Staatsgewalt, um den Aufstand mit Gewalt zu beenden. Indem er jedoch unbeschränkte Gewalt rechtfertigte, schadete er seiner Sache, und jahrhundertelang hat man Lutheraner und Lutheranerinnen mit dem Vorwurf konfrontiert, sie seien ergebene Diener und Dienerinnen des Staates und nicht fähig, eine kritische Stimme zu erheben und der Autorität des Staates Grenzen zu setzen. Es dauerte Jahrhunderte, bis Lutheraner und Lutheranerinnen klar erkannten, dass es ihnen das Konzept der „zwei Reiche" ermöglichte, die Entwicklung einer Zivilgesellschaft zu unterstützen, die totalitären Exzessen des Staates Widerstand leisten könnte.

Dieses Beispiel sollte uns mahnen, in unseren politischen Äußerungen vorsichtig zu sein; sie kommen nicht direkt vom Himmel. Sie laufen stets Gefahr, sich eventuell als falsch zu erweisen. Sie müssen kontinuierlich im Lichte der Grundsätze der lutherischen Sozialethik neu bewertet werden. Diese Grundsätze gestatten nicht nur, sondern erfordern sogar die aktive

---

[16] Vgl. Bernd Oberdorfer, „How Do We Deal with a Challenging Text", in: Kenneth Mtata/Craig Koester (eds.), To All the Nations. Lutheran Hermeneutics and the Gospel of Matthew, LWF Studies 2015/2 (Leipzig: Evangelische Verlagsanstalt, 2015), 75–88.

Beteiligung von Lutheranern und Lutheranerinnen und lutherischen Kirchen an der Entwicklung einer Gesellschaft, „in der Gerechtigkeit wohnt". Das Konzept der „zwei Reiche" verhindert nicht, sondern ermutigt eher eine solche Beteiligung, eben weil wir nicht die Welt erretten können, wir können uns nur in ihr engagieren.

Gerechten Frieden stiften: Christlicher Pazifismus als eine Form politischer Verantwortung

John D. Roth

Einleitung

Im folgenden Aufsatz stelle ich aus der Perspektive der mennonitischen (oder täuferischen) Tradition Überlegungen an zum christlichen Pazifismus als eine Form der politischen Verantwortung.

Theologie ist immer in einen größeren politischen und ökonomischen Kontext eingebunden. Die Welt der Reformation im sechzehnten Jahrhundert war wie die unsere heute belastet durch tiefgreifende wirtschaftliche Unterschiede und schwere politische Spannungen, in denen der Ausbruch von Gewalt nie sehr weit entfernt war. Im Herbst 1524 entlud sich die wirtschaftliche Not der Bauern und Handwerker in Deutschland in einem ausgedehnten Aufstand – dem Bauernkrieg von 1525. Zugleich war die Bedrohung durch das näher rückende türkische Heer – begleitet von einer großen Angst vor dem Islam – allen Europäern gegenwärtig. 1521 hatte Süleyman „der Prächtige" den größten Teil von Ungarn erobert; 1529 hatte sein Heer Wien belagert – das letzte große Bollwerk Europas gegen den Osten.

Inmitten dieser politischen, wirtschaftlichen und gesellschaftlichen Wirren stellten sich den europäischen Christen und Christinnen grundlegende Fragen hinsichtlich des Evangeliums und insbesondere der Lehren Jesu. Welchen Rat konnte Christus geben angesichts des politischen und wirtschaftlichen Umbruchs? In verschiedenen entscheidenden Momenten nahm Luther diese Fragen auf und antwortete mit entschiedener Klarheit. Im

Frühjahr 1525 zum Beispiel rief er den europäischen Adel auf, den Aufstand der Bauern niederzuschlagen und damit ihrer christlichen Pflicht nachzukommen.[1] Im Jahr darauf verfasste er die Schrift „Ob Kriegsleute auch in seligem Stande sein können“ und erfüllte damit ein Versprechen, dass er einem Offizier gegeben hatte, dessen Gewissen durch das Blutvergießen und das Gemetzel des Bauernkrieges belastet war. Darin beantwortet Luther die im Titel gestellte Frage positiv.[2] Es wäre natürlich am besten, wenn alle Christen den Lehren Christi folgen und ihre Nächsten, einschließlich ihrer Feinde, lieben würden; und sicher darf kein Christ aus persönlichen Motiven Gewalt anwenden. Aber wenn die entsprechenden Obrigkeiten Hilfe brauchen, um die öffentliche Ordnung aufrechtzuerhalten oder sie gegen einen Angriff von außen zu verteidigen, sollten Christen nicht zögern, als Soldaten zu dienen. Luther wiederholte dieses Argument drei Jahre später in seiner Schrift „Vom Kriege wider die Türken“. Die Verantwortung für den Krieg gegen die Türken liege letztlich beim Kaiser; wenn der Kaiser Christen zum Kampf ruft, sollten ihm diese ohne Zögern folgen.[3]

Im Kern waren diese Argumente nicht neu – sie waren einfach eine Neuformulierung der lang bestehenden Tradition des gerechten Krieges, heute bekannt unter modernen Christen und Christinnen unter der Bezeichnung „Verantwortung zum Schutz“ (*Responsibility to Protect – R2P*).[4]

Zur gleichen Zeit als Luther auf die aufständischen Bauern und die türkische Aggression reagierte, entstand eine alternative Perspektive unter einer kleinen Gruppe von Christen und Christinnen, die dann als die Täufer bekannt wurden. Die Täufer übernahmen vieles von Luthers Prinzip des *sola scriptura*, seiner Kritik am Papsttum und auch von seinen Erkenntnissen zum „Priestertum aller Gläubigen“. Aber sie brachen mit den Reformatoren – und der noch längeren katholischen Tradition – durch ihr Verständnis von politischer Verantwortung. Die Täufer lehnten die Tradition des gerechten Krieges ab und argumentierten, die Nachfolge

[1] Martin Luther, „Auch wider die räuberischen und mörderischen Banden der andern Bauern, 1525“, in: WA 18, 357–361. „Ein Mensch, den man des Aufruhrs überführen kann, ist schon in der Acht Gottes und des Kaisers, so dass recht und gut daran tut, wer diesen als Erster zu töten vermag. ... Darum soll jeder, der kann, hier zuschlagen, würgen und stechen, heimlich oder öffentlich, und daran denken, dass es nichts Giftigeres, Schädlicheres, Teuflischeres geben kann als einen aufrührerischen Menschen“ (Zitiert nach DDStA, Bd.3, 505ff.).

[2] Martin Luther, „Ob Kriegsleute auch in seligem Stande sein können“, in: WA 19, 623–662.

[3] Martin Luther, „Vom Kriege wider die Türken, 1529“, in: WA 30/2,107–148.

[4] Vgl. Alex J. Bellamy, „The Responsibility to Protect and the Just War Tradition“, in: Ramesh Thakur/William Maley (eds.), Theorizing the Responsibility to Protect (Cambridge: Cambridge University Press, 2015), 181–199.

Christi sei unvereinbar mit dem Gebrauch tödlicher Gewalt – Christen und Christinnen seien aufgerufen, ihre Feinde zu lieben, auch wenn dies keinen unmittelbaren politischen Erfolg garantiere und zum Tod unschuldiger Menschen führen könne.

Dieser kurze Aufsatz bietet einen kurzen Überblick über das täuferische Verständnis des Evangeliums des Friedens – eine Überzeugung, die vielleicht ebenso grundlegend für das täuferische Verständnis der Treue zum christlichen Glauben ist wie die Lehre von der Gnade für Lutheraner und Lutheranerinnen. Nach diesem Überblick möchte ich verschiedene Ausdrucksformen aufzeigen, die diese Verpflichtung im täglichen Leben gefunden hat – eine kurze Darstellung einer täuferisch-mennonitischen „politischen Theologie" – und der Aufsatz wird schließen mit einigen Geschichten von der weltweiten heutigen Kirche.

Täuferisches Verständnis des Evangeliums des Friedens

Die Täufer – und die von ihnen abstammenden Mennoniten, Amischen und Hutterer – lehnten die Kindertaufe ab, zum Teil, weil sie glaubten, dass Glaube nicht erzwungen werden könne. Sie waren keine einer Lehre der Werkgerechtigkeit anhängenden Pelagianer, aber sie waren überzeugt, dass die Nachfolge Jesu eine bewusste Entscheidung der Annahme von Gottes gnädiger Gabe der Vergebung erfordere – etwas, was kein Kind tun könne.[5]

Es ging bei dieser Verpflichtung um fundamentale Fragen der Loyalität, Identität und Zugehörigkeit. Die Taufe war nicht nur Kennzeichen der spirituellen Verwandlung vor Gott, sondern auch der formalen Mitgliedschaft in einer Glaubensgemeinschaft, deren Identität sich von der der allgemeinen Gesellschaft unterschied.

Des Weiteren ging es bei der Taufe auch um *metanoia* – Buße, Umkehr – die sich in einem verwandelten Leben der täglichen Nachfolge Christi ausdrückte. Durch den Heiligen Geist hatten die in der Nachfolge Jesu Stehenden Teil an einer „neuen Schöpfung" – einer neuen Form der Politik, die greif-

[5] Es gibt viele kurze Darstellungen der frühen Täuferbewegung. Für lutherische Nichtfachleute wäre ein nützlicher Einstieg die gemeinsam verfasste Darstellung „Die Geschichte des 16. Jahrhunderts gemeinsam erzählen", die ein wichtiger Teil des Abschlussberichts der Internationalen lutherisch-mennonitischen Studienkommission Heilung der Erinnerungen – Versöhnung in Christus ist. Siehe: Heilung der Erinnerungen: Die Bedeutung der lutherisch-mennonitischen Versöhnung (Leipzig: Evangelische Verlagsanstalt, 2017), 27–88. Download: https://www.lutheranworld.org/sites/default/files/OEA-Lutheran-Mennonites-DE-full.pdf.

bare soziale, wirtschaftliche und politische Folgen hatte. So gingen z.B. die Täufer davon aus, dass die Nachfolge Jesu das Verhältnis der Christen und Christinnen zu ihrem Eigentum verändern würde. Einige Gruppen wie etwa die Hutterer hatten allen Besitz gemeinsam. Andere praktizierten eine radikale gegenseitige Hilfe, worunter verstanden wurde, dass jedes Mitglied mit anderen teilte, wenn dies nötig wurde. Die Täufer nahmen auch die Mahnung Christi, keine Eide zu schwören, ernst und argumentierten, Christen und Christinnen würden stets die Wahrheit sagen und Verpflichtungen einhalten.

Aber die vielleicht am problematischsten empfundene ethische Auffassung der Täufer war ihre Ablehnung tödlicher Gewalt. Bereits im Herbst 1524, als die Spannungen unter den Bauern immer stärker wurden, forderte Konrad Grebel, ein Führer der Täufer in Zürich, Thomas Müntzer auf, das Schwert niederzulegen: „Man soll auch das Evangelium und seine Anhänger", schrieb Grebel, „nicht mit dem Schwert schirmen, und sie sollen es auch nicht selbst tun [...] Rechte gläubige Christen sind Schafe mitten unter den Wölfen, Schafe zum Schlachten [...] Auch gebrauchen sie weder weltliches Schwert noch Krieg. Denn bei ihnen ist das Töten ganz abgeschafft."[6]

Man ist vielleicht versucht, dies als ein Beispiel für einen schlichten und naiven biblischen Literalismus anzusehen. Doch die täuferische Perspektive auf den Pazifismus – was dann das „Evangelium des Friedens" genannt wurde – wurzelt in einer sehr viel tiefgründigeren politischen Theologie. Sie ließe sich in etwa wie folgt skizzieren.

In den Anfangskapiteln der Genesis finden wir eine Beschreibung, was Gott im Sinn hatte, als Gott die Welt und die Menschen schuf. In Genesis 1 und 2 schafft Gott Mann und Frau mit der Absicht, dass sie in Harmonie – in Schalom – zusammenleben, mit Gott und der Welt der Natur. So wie sie ihrem innersten Wesen nach entworfen sind, sind Menschen von Gott dazu bestimmt, in Ganzheit, Vertrautheit, Vertrauen und Verletzlichkeit miteinander und mit Gott zu leben. Dies ist der Zweck, zu dem sie geschaffen sind; dies ist unser *ursprünglicher* Entwurf.

Jedoch, wie wir wissen, sieht die Welt, in der wir leben, nicht so aus. Sünde und Hochmut sind ebenfalls Teil der Schöpfungsgeschichte. Als Folge der Sünde verbargen sich Adam und Eva vor Gott; sie sind voneinander entfremdet; und sie befinden sich im Krieg mit der Natur. Bereits in der ersten Generation tötet Kain Abel in einem Anfall von Eifersucht; und die Geschichte seither ist ein Bericht von Blutvergießen durch menschliche Gewalt – von Familienfehden, Bürgerkriegen, Sklaverei und Tyrannei, Unterwerfungs- und Befreiungskriegen. Man kann Geschichte leicht als das unaufhörliche Streben nach Macht betrachten – als das „Gesetz des Dschungels", das nur dünn von der Fassade der Zivilisation überdeckt ist.

[6] Zitiert nach: Heilung der Erinnerungen, a.a.O., 33.

Aber die biblische Geschichte macht deutlich, dass dies nicht das ganze Bild ist. Die Bibel schildert auch, wie Gott geduldig und hartnäckig die Menschen zu sich zurückruft, sie einlädt, ihrer ursprünglichen Bestimmung gemäß zu leben: in Frieden, Vertrautheit, Verletzlichkeit, Vertrauen. Die Bibel ist die Geschichte von Gottes Einladung – keine Zwangsmaßnahme, sondern eine Einladung – an die Menschen, ihre wahre Identität wiederzuerlangen und in einer profunderen Wirklichkeit des Schalom zu leben, die durch Sünde und Gewalt beschädigt worden ist.

Doch wie erlangen wir unser wahres Selbst wieder? Eine Antwort in der Hebräischen Bibel ist, indem wir Gott eher vertrauen als menschlichem Vermögen. Daher verlässt Abraham die Geborgenheit Urs und vertraut auf Gottes Verheißung. Mose und die Kinder Israel vertrauen darauf, dass Gott sie versorgt, während sie durch die Wüste wandern. Selbst während der Eroberungskriege wurden die Kinder Israels angehalten „eher Gott zu vertrauen, als der Stärke von Königen oder Heeren, oder eisernen Wagen". „Gott ist unsre Zuversicht und Stärke, eine Hilfe in den großen Nöten, die uns getroffen haben" schreibt der Psalmist (Ps 46,2).

Aber Christen und Christinnen haben die Hebräische Bibel auch als eine Geschichte gelesen, die auf die Fülle von Gottes Offenbarung verweist – auf das Kommen eines Messias, der die Menschheit wiederherstellen wird zu der von Gott intendierten Ganzheit, auf die Heilung einer zerbrochenen Schöpfung. Christen und Christinnen verstehen diesen Messias – Jesus – als den vollen Ausdruck von Gottes Wesen. In Jesus ist der Wille Gottes inkarniert worden. Darum ist Gottes Offenbarung in Christus nicht einfach eine Reihe von netten, aufgeklärten ethischen Lehren. Vielmehr ist sie eine fundamental neue Realitätssicht.

Zum einen ruft Jesus seine Nachfolger und Nachfolgerinnen auf, alle vormals offensichtlich erscheinenden Annahmen über Status, Macht, Sicherheit und Erfolg zu überdenken. „Ihr habt gehört, dass gesagt ist", sagte Jesus zu seinen Hörern und Hörerinnen bei der Bergpredigt, „du sollst deinen Nächsten lieben und deinen Feind hassen." Das ist die Lehre des Gesetzes; das ist Gerechtigkeit; das ist die Logik des Alltagsverstands. „Ich aber sage euch: Liebt eure Feinde und bittet für die, die euch verfolgen [...]" (Mt 5,43–44). Oder: „Ihr habt gehört, dass gesagt ist ‚Auge um Auge, Zahn um Zahn'. Ich aber sage euch, dass ihr nicht widerstreben sollt dem Bösen, sondern: Wenn dich jemand auf deine rechte Backe schlägt, dem biete die andere auch dar" (Mt 5,38–39).

Dasselbe Thema wird auch in anderen Passagen aufgegriffen; es sind nicht der Reiche oder der Mächtige oder der Starke, die von Gott gesegnet sind, sondern die geistlich Armen, die Sanftmütigen, die reinen Herzens sind, die Barmherzigen (Mt 5,3–9). In dieser neuen Lebensweise werden „die Letzten die Ersten und die Ersten die Letzten sein" (Mt 20,16). Um in sein Himmelreich zu kommen, muss man wie ein Kind werden (Mt 18,3). Wenn du groß sein willst, sei ein Diener (Mk 10,43). Wenn du dein Leben erhalten willst, sei bereit, es zu verlieren (Lk 9,24).

Als ihm seine Anhänger und Anhängerinnen als einem Befreier von der römischen Unterdrückung zujubelten, grüßte er von einem Esel herab, nicht von einem Schlachtross. Bei der letzten Möglichkeit, seine Jünger zu lehren, wusch Jesus ihnen die schmutzigen Füße. Und angesichts falscher Beschuldigungen und eines Scheinprozesses, erlaubte es Jesus, dass er getötet wurde, anstatt die ihm zur Verfügung stehenden Engelsheere herbeizurufen.

Aber wie wir wissen war das Kreuz nicht das Ende der Geschichte. Tatsächlich ist es für Christen und Christinnen der Anfang der Geschichte, denn ihm folgte die Auferstehung, und Gott machte deutlich, dass Tod und Gewalt nicht das letzte Wort haben. Unsere Angst, dass der Tod das Schlimmste ist, das uns passieren kann, erweist sich als ein Teil der gefallenen Welt. In der Auferstehung verkünden Christen und Christinnen, dass Leben und Liebe mächtiger sind als Gewalt und Tod.

Sicherlich übersteigt dies alles die normale menschliche Logik. Es würde sehr viel mehr „Sinn" ergeben, zu argumentieren, dass wir unsere Interessen und diejenigen unserer Nächsten verteidigen sollten; dass wir eine scharfe Linie zwischen Gut und Böse ziehen sollten; dass wir von Übeltätern Vergeltung fordern sollten. Doch, wie Jesus lehrte, ist es keine besondere Tugend, diejenigen zu lieben, die dich auch lieben. Tatsächlich basieren die Grundprinzipien der Theorie vom gerechten Krieg auf den Schriften von Cicero, der zwei Jahrhunderte vor Christus lebte. Die Argumente für einen gerechten Krieg beziehen sich auf Grundsätze wie „Fairness" und „Gerechtigkeit", die an und für sich nichts Schlechtes sind. Aber es ist nicht klar, dass sie auf das christliche Evangelium verweisen.

In den USA gehören Christen und Christinnen zu denjenigen, die am ehesten die nationalen Kriege sowie die Anwendung von Folter durch den Staat unterstützen.[7] Man kann dies ungeheuerlich finden, aber sehr oft in der Kirchengeschichte war dies Ausdruck der „politischen Verantwortung" des Christentums: Gott zu einer Stammesgottheit erklären, die angerufen werden kann, um die politische Ordnung zu verteidigen – womit die Kirche die Rolle des Geistlichen für den Eigennutz des Nationalstaats spielt: mit dem Absegnen seiner Kriege, dem Erleichtern belasteter Gewissen, der Gewährung göttlicher Billigung für die Obrigkeit. Heute sind die Friedhöfe Europas und von Teilen Afrikas voll mit Grabsteinen von Christen,

---

[7] Siehe zum Beispiel David Neff, „Evangelicals and Torture: A new study says white evangelicals are most likely to justify torture. What should we make of that?", in: Gleanings (1. Mai 2009), unter http://www.christianitytoday.com/gleanings/2009/may/evangelicals-and-torture.html.

die dabei starben, als sie andere Christen töten wollten – ein jeder davon überzeugt, einen „gerechten Krieg“ zu führen, Gott durch das Töten zu ehren – für ihr Land oder ihren Stamm.

Das Evangelium des Friedens gemahnt Christen und Christinnen daran, dass Jesus der Herr der ganzen Welt ist; dass ihre Zugehörigkeit zum Leib Christi Vorrang hat vor der Zugehörigkeit zu einer Nation oder einem Stamm. Es ruft Christen und Christinnen auf, die Aussage ernstzunehmen, dass in Christus „ist nicht Jude noch Grieche, hier ist nicht Sklave noch Freier, hier ist nicht Mann noch Frau; denn ihr seid allesamt einer in Christus Jesus“ (Gal 3,28).

Gerechten Frieden stiften

Aber in welchem Sinne sind christliche Pazifisten und Pazifistinnen „politisch verantwortlich”?[8] Ist das alles nicht nur ein Argument für einen sektiererischen Rückzug – ein Rückzug in eine Form moralischer Reinheit, die passiv zuschaut, während unschuldige Menschen von Schlägern und Rowdys zusammengeschlagen werden?

Meine Antwort auf diese Bedenken möchte ich mit einigen Eingeständnissen beginnen. Es ist mir bewusst, dass ich selbst als Pazifist nicht einer Komplizenschaft mit Zwangssystemen und -strukturen entkommen kann: Ich zahle Steuern, von denen manche für das Militär verwendet werden. Ich lebe in einer Gemeinschaft, deren Gesetze von der örtlichen Polizei durchgesetzt werden. Ich habe einen Pass, der von einem Land ausgestellt ist, das seine Grenzen mit einem Heer verteidigt. Pazifistische Christen und Christinnen befinden sich nicht auf einer höheren Ebene der „moralischen Reinheit“.

Aber es gibt immer noch sinnvolle Wahlmöglichkeiten: Und eine klare Entscheidung ist es, sich zu verpflichten, keinem anderen im Bilde Gottes geschaffenen Menschen das Leben zu nehmen oder andere zu ermutigen, das in meinem Namen zu tun.

Was bedeutet also „politische Verantwortung“ für einen christlichen Pazifisten oder eine christliche Pazifistin?

- Erstens sind christliche Pazifisten und Pazifistinnen aktiv im täglichen Leben der Zivilgesellschaft: Sie kümmern sich um gute Beziehungen in

[8] Im Folgenden stütze ich mich teilweise auf einen bereits erschienen Aufsatz von mir. Siehe John D. Roth, „Pacifism as Political Responsibility? The Position of the Dissenters in the 16th Century”, in: Irene Dingel/Christiane Tietz (eds.), Die politische Aufgabe von Religion: Perspektiven der drei monotheistischen Religionen (Göttingen: Vandenhoek& Ruprecht, 2011), 331–344.

ihren Familien; sie nehmen teil am komplexen Gewebe menschlicher Interaktion in der Schule, in Kirchen und sonstigen Freiwilligenorganisationen; sie halten sich voll und ganz an die Gesetze, wenn diese nicht ihrer Verpflichtung Christus gegenüber widersprechen; sie achten die Menschen in politischer Verantwortung und beten für sie.

- Zweitens dienen christliche Pazifisten und Pazifistinnen auch dem Gemeinwohl, indem sie Menschen an den Rändern der Gesellschaft beistehen und für die Armen, die Flüchtlinge, die Vertriebenen und diejenigen ohne Stimme eintreten und ihnen zeigen, dass sie nicht vergessen wurden. In meiner Gemeinde ist eine außergewöhnlich große Zahl von christlichen Pazifisten und Pazifistinnen aktiv tätig in Obdachlosenunterkünften, nach dem Schulunterricht stattfindenden Programmen, Alphabetisierungsprogrammen für Erwachsene und insbesondere in Gesundheitsprojekten, die für die schutzbedürftigsten Mitglieder unserer Gemeinschaften gedacht sind. Die Erfahrungen von Kriegsdienstverweigerern in psychiatrischen Kliniken während des Zweiten Weltkriegs haben zu tiefgreifenden Reformen beigetragen im Blick darauf, wie in unserem Land Menschen mit geistigen Behinderungen behandelt werden.

- Drittens sind christliche Pazifisten und Pazifistinnen besonders aktiv in verschiedenen Formen der Konfliktlösung, insbesondere auf der Basisebene. Das Victim-Offender Reconciliation Program (Opfer-Täter-Versöhnungsprogramm) – eine gemeindenahe, von pazifistischen Christen und Christinnen gestartete Initiative – hat begeisterte Unterstützung von Gerichten überall in den USA gefunden und hat nun örtliche Anlaufstellen in Hunderten von Gemeinden und in zwölf Ländern. Andere Konfliktbearbeitungsprogramme werden in vielen Bereichen in der ganzen Welt unterstützt. Im Gegensatz zu der verführerisch schnellen Lösung, die Gewalt verspricht, ist Friedenskonsolidierung ein langer Prozess, der ein tiefgehendes Verständnis der Kultur erfordert, ein Verständnis für die Komplexität der menschlichen Natur, die Erkenntnis, dass Beziehungen auf Vertrauen aufbauen müssen, und schließlich auch die Fähigkeit zur Geduld. Christliche Pazifisten und Pazifistinnen sind sich bewusst, dass wir die Früchte unserer Arbeit vielleicht nicht im Zeitraum von normalen Wahlperioden sehen werden und vielleicht nicht einmal in unserem Leben.

- Viertens waren christliche Pazifisten und Pazifistinnen an gewaltlosen direkten Aktionen gegen Unterdrückungs- und Gewaltregime beteiligt: Ich würde aber niemals behaupten, dass Pazifismus immer als politische Strategie „funktioniert" – diese Position sollte nicht verwechselt werden mit dem Optimismus säkularer Liberaler nach deren Überzeugung pazifistische Lösungsansätze den politischen „Erfolg" garantieren. Aber ich glaube nicht, dass wir die Bedeutung der Rolle der Kirchen in den kollektiven Protesten voll verstanden haben, die zum Ende der Diktaturen auf den Philippinen, in Polen, Ostdeutschland, Südafrika und anderswo geführt haben. „Sobald sie anfingen, auf uns zu schießen", sagte Lech Walesa über die gewaltlose Solidaritätsbewegung in Polen, „wusste ich, dass wir gewonnen hatten."

- Und schließlich dienen christliche Pazifisten und Pazifistinnen dem Gemeinwohl durch öffentliche Formen der Klage und der Hoffnung. Immer wenn Menschen gewaltsam umkommen – unter welchen Umständen auch immer – sollten Christen und Christinnen öffentlich klagen. Öffentliche Klage erinnert daran, dass Gewalt immer eine Verirrung ist, ein unwillkommener Eingriff in die Welt, so wie sie sein sollte. Das Gegenstück zur Klage ist die Hoffnung auf eine alternative Zukunft, die Hoffnung, der Millionen von Christen und Christinnen jeden Tag Ausdruck verleihen, wenn sie beten: „Dein Reich komme. Dein Wille geschehe, wie im Himmel, so auf Erden."

- In all diesen und vielen anderen Formen des Zeugnisses praktizieren christliche Pazifisten und Pazifistinnen ihre „politische Verantwortlichkeit". Sie beteiligen sich an solchen Aktivitäten nicht primär als Bürger und Bürgerinnen oder als politische Partei oder als Lobbygruppe, die Lärm macht, um gehört zu werden, sondern als Glieder des Leibes Christi, als Botschafter und Botschafterinnen des Friedefürsten, der als Diener kam, der Kinder und Fremde in seinem Kreis willkommen hieß und uns lehrte, unsere Feinde zu lieben.

Nein sagen!

Ich vermute, dass bis hierher die meisten Leser und Leserinnen der allgemeinen Richtung meiner Überlegungen zustimmen werden. Diese Formen des Friedenstiftens können von praktisch allen Christen und Christinnen bejaht werden – und eigentlich von allen Menschen guten Willens.

Aber für einen christlichen Pazifisten und eine christliche Pazifistin gehört zu dem „Ja" zu einem gerechten Friedenstiften auch ein deutliches „Nein". Und an dieser Stelle wird das Gespräch schwieriger. Argumente für einen gerechten Krieg, selbst in der überarbeiteten Gestalt einer „Schutzverantwortung", wollen letztlich Christen und Christinnen ein Narrativ zur Verfügung stellen, dass ihre Beteiligung an der Ausübung tödlicher Gewalt rechtfertigen kann. Das ist ein Schritt, den christliche Pazifisten und Pazifistinnen verweigern. Die Weigerung, diese Linie zu überschreiten, sollte nicht mit einem Rückzug in eine sektiererische Reinheit verwechselt werden ... oder mit einer Leugnung der Realität des Bösen in der Welt.

Vielmehr ist es eine radikale Form des Zeugnisses, die in einer eschatologischen Sicht der Geschichte gründet, die das Argument zurückweist, dass Christen und Christinnen am Bösen partizipieren müssen, damit die Geschichte „gut ausgeht". In der Auferstehung hat Gott bereits über den Tod gesiegt; und am Ende der Zeiten wird Gott über die Mächte des Bösen siegen. Das Lamm hat den Sieg errungen. Das ist die Wahrheit, die Christen und Christinnen aufgerufen sind zu bezeugen, selbst wenn dieses Zeugnis das Martyrium bedeutet.

Schlussbemerkungen

Ich möchte mit zwei kurzen Geschichten schließen.

Am 26. Dezember 2004 löste ein Erdbeben der Stärke 9,2 – dessen Epizentrum direkt vor der Westküste von Sumatra, Indonesien, lag – einen tödlichen Tsunami im Indischen Ozean aus. Stunden später traf der Tsunami die Küstenstadt Aceh, tötete 170.000 Einwohner und Einwohnerinnen und ließ mehr als 500.000 Menschen ohne Nahrung und Behausung zurück. Unter den Helfern, die nach der Katastrophe schnell eintrafen, war auch, so unwahrscheinlich es auch scheint, ein Team von Mennoniten und Muslimen aus der indonesischen Stadt Solo.

Jahrzehntelang war Solo ein Zentrum von verschiedenen konservativen militanten muslimischen Gruppen, von denen manche ausdrücklich für den Gebrauch von Gewalt zur Erreichung ihrer Ziele eintraten. Die Beziehungen zwischen Muslimen und Christen in Solo – zu den Letzteren gehörte eine kleine Gruppe von indonesischen Mennoniten – waren spannungsvoll, und manchmal kam es zu Ausbrüchen von Gewalt.

2004 nahm Paulus Hartono, ein javanesischer mennonitischer Pastor in Solo, Kontakt mit dem Führer der Hizbollah-Miliz auf und bot seine Vermittlung in einem Streit wegen der Radiostation der Gruppe an. Zuerst lehnte das der Kommandant der Hizbollah schroff ab. Aber Hartono gab nicht auf. Als Mitbegründer eines religions- und gruppenübergreifenden Friedensforums war Hartono entschlossen, seine Überzeugungen in die Tat umzusetzen. Also ging er weiterhin zur Hizbollah auf einen Tee und um sich mit ihnen zu unterhalten. Schließlich erlaubte der Kommandant Hartono, in dem Konflikt zu vermitteln, und die beiden Männer wurden nach und nach Freunde.

Als der Tsunami einige Monate später in Aceh Verwüstungen anrichtete, machte Hartono einen kühnen Vorschlag. Er lud den Kommandanten und Mitglieder der Hizbollah ein, sich an Hilfsaktionen zu beteiligen, die von den Mennoniten von Solo geleitet und teilweise vom Mennonite Central Committee finanziert wurde. Im Laufe des Jahres 2005 arbeiten indonesische Mennoniten und konservative Muslime Seite an Seite und halfen, zerstörte Häuser wiederaufzubauen und beschädigte Kirchen und Moscheen wieder instandzusetzen.

In den Jahren darauf bat der Kommandant der Hizbollah Hartonos Friedensorganisation, Konfliktlösungsworkshops für seine Gruppe zu veranstalten, wozu einige Lehrgänge am Center for the Study and Promotion of Peace an der Duta Wacana Christian University gehörten. Der Kommandant erklärte, es sei seine Hoffnung, dass die Teilnehmer ein Selbstbild als „Agenten des Friedens" entwickeln würden. Ein muslimischer Teilnehmer sagte Hartono: „Danke für das Katastrophenhilfeprogramm. Wir wissen jetzt, dass die christliche Kirche und ihre Menschen nicht so sind, wie wir vorher dachten."[9]

Aber ich muss zugleich auch eine andere Geschichte erzählen, die sich in unserer Glaubensfamilie ereignet. Die meisten Leser und Leserinnen werden wissen, dass im April 2014 aus einer christlichen Schule in Chibok, Nigeria, 275 Mädchen entführt wurden. 173 dieser Mädchen waren Mitglieder der Ekklesiyar Yan'uwa (EYN), einer den täuferischen Kirchen nahestehenden Kirche mit 500.000 Mitgliedern im Nordosten Nigerias, als genau dem am meisten von der Boko Haram betroffenen Gebiet. Seitdem sind 1700 EYN-Kirchen zerstört, Kirchenzentren überfallen, 11.000 Mitglieder getötet und weitere 80.000 zur Flucht gezwungen worden. Als vor zehn bis fünfzehn Jahren Boko Haram auf der Bildfläche erschien, verpflichtete sich die EYN-Kirche zum Evangelium des Friedens. Mehr als zehn Jahre lang haben sie die Lehren der Bergpredigt Jesu bedacht und in ihren wöchentlichen Gottesdiensten ausdrücklich für ihre Feinde gebetet. Und nun ist ihr Glaube geprüft worden .... immer und immer wieder.

„Bitte betet für uns", sagte ein Kirchenleitender kürzlich. „Wir finden Stärke im Wort Gottes. Das in Christus offenbarte Wort Gottes ist die Wahrheit, die wir predigen. Ja, wir sind versucht, Vergeltung zu üben. Aber das Wort Gottes weißt uns die Richtung – schlagt nicht zurück. Es ist verantwortlicher, wenn ihr es gehen lasst, als wenn ihr es in die eigene Hand nehmt."[10]

---

[9] Jeanne Jantzi und Tim Shenk, „Indonesian Mennonites and Muslims Work Together after Earthquake", in: A Common Place (October 2010), 4–6.

[10] „Address to the Annual Conference by EYN President Rev. Dr Samuel Dante Dali", in: Church of the Brethren Newsline (13. Juli 2015), unter: http://www.brethren.org/news/2015/ac/eyn-president-address-to-annual-conference.html?referrer=https://www.google.com/.

Das mag wie eine schwache Antwort auf den islamischen Radikalismus klingen. Aber das ist nicht alles, was getan wird. Neben der dringenden Arbeit der Fürsorge für Flüchtlinge und des Tröstens von Hinterbliebenen hat sich die EYN vorgenommen, die Namen und Geschichten jeder einzelnen gestorbenen Person aufzuzeichnen. Der berüchtigte Sowjetführer Josef Stalin sagte einmal: „Der Tod eines Menschen ist eine Tragödie, der Tod von Millionen ist Statistik." Wenn wir hören, dass 11.000 Menschen in Nigeria getötet worden sind, können wir leicht abstumpfen angesichts der schieren Größe der Zahl. Aber jeder einzelne Mensch war eine Mutter, ein Vater, ein Sohn, eine Tochter, ein Freund – ein Christ oder eine Christin – deren Leben zählt. Indem die Namen und Geschichten dieser Märtyrer und Märtyrerinnen gesammelt werden, indem sie im öffentlichen Gedächtnis bewahrt werden, sät die EYN-Kirche die Samen eines profunden Zeugnisses für kommende Generationen. Jedes Leben zählt für Gott, jedes Leben zählt für die Kirche – ihr Tod wird nicht vergessen oder übersehen werden.

Ich schließe mit der Einladung, zwei Szenarien zu bedenken. Das erste Szenario ist unsere gegenwärtige Situation – eine Welt mit großer allgegenwärtiger Gewalt, die uns jedes Mal erschüttert, wenn wir die Zeitung lesen oder die Fernsehnachrichten schauen. Ich lebe in einer Kultur, die von Angst beherrscht wird: Seit 2001 hat mein Land ein Heimatschutzministerium geschaffen, zwei Länder besetzt, mehr als drei Billionen US-Dollar im Kampf gegen den Terrorismus ausgegeben, die Immigration begrenzt und die Freiheit der Bürger und Bürgerinnen eingeschränkt. Aber doch leben wir in einem der reichsten und mächtigsten Länder der Erde immer noch in Angst.

Die Welt wird Tag für Tag beherrscht von Nachrichten von noch mehr Selbstmordattentaten, der Zerstörung von noch mehr Häusern in Palästina, noch mehr vertriebenen Flüchtlingen, noch mehr Waisenkindern. Unsere Welt ist eine Welt, in der die Gewalt immer mehr Gewalt erzeugt – und jede Seite ist sicher, dass sie einen gerechten Krieg führt, dass sie auf der Seite der Gerechten und Guten steht.

Inmitten von all dem sind Christen und Christinnen eingeladen, Zeugnis abzulegen für eine andere Wirklichkeit. Inmitten der Gewalt um uns herum hält das Evangelium des Friedens eine Kerze der Hoffnung. Der Gott, dem wir dienen, lädt uns ein, er zwingt uns nicht. Jesus, den wir unseren Herrn nennen, kam auf die Erde in der Gestalt eines Dieners. Er lehrte die, die ihm nachfolgten, ihre Feinde zu lieben, und erlaubte, dass er getötet wurde, statt die Wahrheit mit Gewalt zu verteidigen. Sein Sieg war eine Bekräftigung der Macht des Lebens über die Macht des Todes.

Die Wahrheit des christlichen Pazifismus ist eine verletzliche Wahrheit, eine Einladung, kein Argument. Das Flackern dieser Kerze mag winzig und unbedeutend erscheinen; es mag nicht alle Winkel ausleuchten, wo die Dunkelheit herrscht. Das Evangelium des Friedens ist kein Versprechen für politischen Erfolg; es gibt keine Garantien, dass die gewaltlose Liebe jeden Tyrannen davon überzeugen wird, die Waffen niederzulegen. Aber indem sie das Licht hochhalten, bezeugen Christen und Christinnen gegenüber der Welt, dass die Dunkelheit der Gewalt nicht siegen wird; dass die Liebe stärker als die Angst ist; dass das Leben in Christus mächtiger ist als die Todesbedrohung; dass die Treue zum Leib Christi vor unserer Treue zum Nationalstaat kommt; und dass die Geschichte letztlich nicht durch menschliche Macht oder Gewalt bestimmt wird, sondern durch den Geist des lebendigen Gottes.

Für pazifistische Christen und Christinnen in der Tradition der Täufer des 16. Jahrhunderts ist es das, was mit „politischer Verantwortlichkeit" gemeint ist.

Die Vergangenheit bekennen: Versuche in der Evangelisch-Lutherischen Kirche in Ungarn, ihre Rolle während des Kalten Krieges zu bewerten

Tamás Fabiny

„Diese Not, die die Vergangenheit bekennen muss"

2005 setzte die Synode der Evangelisch-Lutherischen Kirche in Ungarn (ELKU) einen Ausschuss ein, der die Vergangenheit der Kirche in den Blick nehmen sollte, und dem ein Historiker, ein Archivar, ein Rechtsanwalt und ein Theologe angehörten. Seine Aufgabe war es, die Geschichte der Kirche in den Jahren 1945 bis 1990 detailliert zu untersuchen, mit besonderem Schwerpunkt auf der Zusammenarbeit bestimmter Personen mit der Staatssicherheitsbehörde. In dieser Zeit stand Ungarn unter sowjetischer Besatzung und der Staat – offiziell eine Diktatur des Proletariats – hatte ganz ausdrücklich das Ziel, die Kirchen zu unterdrücken.

Der Ausschuss hatte Einblick in verschiedene Dokumente (aus den allerdings unvollständigen Archiven) und begann Veröffentlichungen zu erstellen, die Originalquellen enthielten, welche Licht auf die Kollaboration bestimmter Mitglieder der Kirchenleitung warfen. Der Ausschuss untersuchte zunächst die Vergangenheit der gegenwärtigen Mitglieder der Kirchenleitung. Den in den Dokumenten erwähnten Personen wurde Gelegenheit zu persönlichen Stellungnahmen gegeben, zugleich aber wurden die Ergebnisse der Untersuchung mit der Nennung der wirklichen Namen veröffentlicht.

Ich habe an den Anfang ein Zitat des bedeutenden ungarischen Dichters Attila József gestellt, der von „dieser Not, die die Vergangenheit bekennen muss" spricht.[1] Nicht nur Ungarn, sondern die ganze Region setzt sich mit dem Erbe der jüngeren Vergangenheit auseinander und versucht, nach und nach eine authentische und therapeutische Erkenntnis der Vergangenheit zu gewinnen. Die systematische Erforschung der geheimdienstlichen Dokumente in Deutschland ist bekannt. Die sogenannte Gauck-Behörde (so benannt nach ihrem ersten Leiter, einem früheren ostdeutschen Pastor, der dann von 2012 bis 2017 deutscher Bundespräsident war) war eine unbestreitbare Autorität. Aufgrund ihrer Arbeit wurde die Rolle, die Ostdeutschland und die Kirchen während der kommunistischen Ära spielten, schon sehr früh aufgearbeitet – natürlich nicht ohne Kontroversen. In Ungarn begann die systematische wissenschaftliche Erforschung der Vergangenheit nicht gleich nach dem Regimewechsel. Deshalb wurden heikle Geschichten ein fruchtbares Thema für die Boulevardpresse einerseits und für politische Erpressung andererseits. Es waren nicht viele, die sich entschlossen, sich der eigenen Vergangenheit oder der ihrer Familie offen und freiwillig zu stellen. Dort wo dies geschah, wurden wir Zeugen persönlicher Tragödien. Péter Esterházy, einer der größten zeitgenössischen ungarischen Schriftsteller, veröffentlichte im Jahr 2000 sein Werk *Harmonia Caelestis*, das zum Teil eine Hommage an seinen Vater ist. Später erfuhr er dann, dass sein Vater, der aus einer aristokratischen Familie stammte, während der kommunistischen Herrschaft dem Staatssicherheitsdienst regelmäßig zwischen 1957 und 1980 Berichte geliefert hatte. 2002 veröffentlichte Esterházy das Buch *Javított kiadás* (verbesserte Ausgabe), in dem er seinen persönlichen Schmerz bekundet.

Wir hatten auf eine ausgewogene und gut durchgeführte Erforschung der Vergangenheit gehofft, doch plötzlich tauchten dubiose Listen auf, wonach verschiedene Kirchenleitende angeblich mit den Sicherheitsbehörden des kommunistischen Staates zusammengearbeitet hatten. Es gab Berichte über die heimliche Mitarbeit von Pastoren, kollaborierende Bischöfe und Kuratoren, die bereitwillig mit den staatlichen Stellen zusammenarbeiteten. Die Kirchen waren eine Erfolgsgeschichte für den Staatssicherheitsdienst, konnte man in den Schlagzeilen lesen. Noch widerlicher war die Tatsache, dass in vielen dieser Berichte Pastoren beschuldigt wurden, Informationen über die eigenen Gemeindemitglieder weitergegeben und sogar die Vertraulichkeit der Beichte missachtet zu haben. Es ist unfair, dass die Namen der (wirklichen oder vorgeblichen) Informanten öffentlich gemacht wurden, während die Namen der Verbindungsoffiziere oder sonstigen Empfänger der Informationen bis heute

[1] Attila József, Poems, hg. von Thomas Kabdebo und übersetzt von Vernon Watkins (London: The Danubia Book Co., 1966). Siehe auch Attila József, Gedichte (Budapest: Corvina Verlag, 3. verm. Auflage 1978).

nicht genannt wurden. Darüber hinaus muss man berücksichtigen, dass viele Dokumente absichtlich zerstört oder gefälscht wurden.

Es müssen auch die böswilligen Aktivitäten des staatlichen Amtes für kirchliche Angelegenheiten erwähnt werden, das eingerichtet worden war, um die kirchlichen Aktivitäten zu überwachen und einzuschränken. Für alle kirchlichen Tätigkeiten, wie Baumaßnahmen, Jugendarbeit, Veröffentlichung von Büchern und anderen Texten, musste bei dieser Behörde ein offizieller Antrag auf Erlaubnis eingereicht werden. Heute wissen wir, dass es große Unterschiede zwischen den Pastoren und Bischöfen gab im Hinblick darauf, ob sie nur eine rein administrative Verbindung mit diesem Amt hatten, oder diesen Kontakt zu ihrem persönlichen Vorteil nutzten und manchmal anderen Kollegen in der Kirche schadeten.

Ich werde in diesem Aufsatz das Thema der Kollaboration von Bischöfen der Evangelisch-Lutherischen Kirche in Ungarn mit den kommunistischen Behörden erörtern und dabei berücksichtigen, dass sie offiziell mit dem staatlichen Amt für kirchliche Angelegenheiten kooperieren mussten. Kirchenleitende waren durch ihre Position verpflichtet, diese Kontakte aufrechtzuerhalten; es ist deshalb bemerkenswert, dass einige Bischöfe darüber hinaus als Informanten beschäftigt wurden und viele ihre Berichte an den Staatssicherheitsdienst unter Decknamen schrieben.

Die Kirchenleitung der Evangelisch-Lutherischen Kirche in Ungarn war die erste in Ungarn und in unserer Region – und auch die einzige Kirchenleitung in Ungarn –, die die Notwendigkeit einer Untersuchung der Vergangenheit anerkannte. Ich hielt es für wichtig, in meiner Antrittsrede als Bischof im Jahr 2006 über die Aufarbeitung der Vergangenheit zu sprechen, was zu dieser Zeit ein heikles Thema war. Ich plädierte dafür, dies auf eine ehrliche, kritische und heilende Weise zu tun.

> Ich muss über das Aufdecken der jüngsten Vergangenheit unserer Kirche sprechen. Ich spreche bewusst hier diese ungelöste Frage an im Zusammenhang mit der Aufzählung unserer kirchlichen Aufgaben. Ich möchte nicht, dass die Kirche der säkularen Forschung hinterherhinkt, den Historikern und auch nicht der Boulevardpresse, so als ob sie fortwährend die Offenlegung ihrer Vergangenheit hinausschieben würde. Das betrifft auch die sogenannten Informanten. In den letzten Monaten haben wir Dokumente über Künstler, Sportler und Sportlerinnen und Politiker gesehen, die auf eine manipulative Weise präsentiert wurden. Das ist eine Warnung für uns: Die Kirche hat die Wahl, dies auf eine andere Art und Weise zu tun. Nicht durch Erpressung und Drohungen, nicht mit Sensationsmache, sondern auf eine geschwisterliche Weise, indem einer des anderen Last trägt, bereit Abbitte zu leisten und zu vergeben.[2]

[2] Antrittsrede von Bischof Dr. Tamás Fabiny, 25. März 2006.

Während die Reaktion der säkularen Medien auf dieses Programm recht positiv war, fiel die der Kirchenmitglieder eher zwiespältig aus. Die Forschungsarbeit begann 2005, und die Ergebnisse werden zurzeit veröffentlicht. Die Geschichten sind sehr verschieden: Es gab Personen, die bewusst anderen oder der ganzen Kirche schadeten, während viele (manchmal aus Angst oder menschlicher Schwäche) mit dem Staatssicherheitsdienst auf eine eher harmlose Weise zusammenarbeiteten. Es ist ganz klar, dass viele, die eine Vereinbarung unterzeichneten, niemandem schaden wollten und durch die Sorge für die Zukunft der Kirche motiviert waren. Darum ist eine gründliche Analyse der Vergangenheit notwendig, die nicht vor der Identifikation der Personen hinter den Decknamen halt macht.

Als 2012 die Kirchenwahlen anstanden, wurde das entsprechende Kirchengesetz[3] geändert und festgelegt, dass für alle Positionen vom Dekan aufwärts der Ausschuss für die Aufarbeitung der Vergangenheit untersuchen muss, ob der Kandidat mit dem Staatssicherheitsdienst zusammengearbeitet hat. Von Anfang an betonten die Ausschussmitglieder, dass es verschiedene Formen der Zusammenarbeit und verschiedene Beweggründe dafür gegeben hat und deshalb ein personenspezifischer Ansatz nötig ist. Außerdem ist es wichtig, nicht die Verantwortung derjenigen zu vergessen, die das staatliche System steuerten und davon profitierten.

Eine Fallstudie: Bischof Zoltán Káldy und Bischof Ernő Ottlyk alias „Pécsi“ und „László Szamosi“

Als ein Beispiel für die Kollaboration mit der feindlichen kommunistischen Staatsmacht möchte ich einige Ergebnisse aus der Untersuchung über die Tätigkeiten zweier Bischöfe mitteilen, nämlich Ernő Ottlyk (1918–1995) und Zoltán Káldy (1919–1987). Letzterer war von 1984 bis zu seinem Tod Präsident des Lutherischen Weltbundes (LWB).

Káldy wurde Bischof nachdem das kommunistische Regime den rechtmäßigen Bischof Lajos Ordass abgesetzt hatte. Ordass war 1945 zum Bischof gewählt, dann 1948 inhaftiert und von 1950 bis 1956 praktisch unter Hausarrest gestellt worden. Kurz vor der Revolution 1956 war er rehabilitiert worden und nahm seinen Dienst als Bischof während der Revolution wieder auf. Er war nicht nur in seiner eigenen Kirche, sondern auch international angesehen. Er wurde 1957 auf der ersten Vollversammlung des LWB in Lund zum Vizepräsidenten gewählt und dann 1957 auf der dritten Vollversammlung in Minneapolis wiedergewählt. Nachdem die Revolution mit Hilfe sowjetischer Panzer niedergeschlagen worden war, begann die Regie-

[3] Kirchengesetz 2012/II. 6. § (1), in Kraft getreten am 28. September 2012.

rung Kádár mit Rückendeckung durch Moskau mit seinen Repressionen. 1958 wurde der Bischofssitz als aus administrativen Gründen leerstehend erklärt, Ordass musste zurücktreten und die Suche nach einem neuen Bischof begann. Selbstverständlich kann man nicht von freien und gleichen Wahlen sprechen. Aus einer Reihe von politisch starken Kandidaten wurde Pastor Zoltán Káldy, ein bekannter Pastor der Evangelisationsbewegung und Dekan von Pécs, gewählt und 1957, am zweiten Jahrestag der niedergeschlagenen Revolution, eingesetzt. Der Staatssicherheitsdienst war bereits vorher während der vorgeblich demokratischen Bischofswahlen aktiv geworden. Ein Beamter aus dem Innenministerium schrieb am 16. Juli 1958 in einem Vermerk: „Wir haben operative Ziele mit Zoltán Káldy als Kandidaten für das Bischofsamt."[4]

Aus den Dokumenten geht hervor, dass der Beamte Ende September um ein Treffen mit Káldy unter dem Decknamen „Pécsi" nachfragte. Er schließt seinen Bericht mit der Beurteilung:

> Während des Treffens war „Pécsi" gelassen. Das Gespräch verlief nicht wie ein erstes Treffen nach der Anwerbung zum Dienst. Er sprach über alle Fragen ohne Zögern: über persönliche Angelegenheiten, die korrekte Ausrichtung der Beziehungen zwischen Staat und Kirche und die Taktik, die bei den Gemeinden angewendet werden muss.[5]

Die schriftlichen Berichte von Bischof Káldy alias Pécsi sind aufschlussreich. Der junge Bischof übernahm wirklich die Führung und machte heimlich personelle Vorschläge, die für sein neues Amt von entscheidender Bedeutung waren. Er kämpfte an zwei Fronten: Er versuchte diejenigen zu schwächen, die den Antikommunisten Ordass unterstützten und diejenigen, die links von ihm standen, und sich als loyal gegenüber dem sowjethörigen Staat zu erweisen. Es war eine schizophrene Situation mit vielen Fragezeichen: In seiner Personalpolitik stützte sich der Bischof auf den Staatssicherheitsdienst; darüber hinaus machte er seine Vorschläge unter einem Decknamen.

Káldy war sehr an internationalen Kontakten interessiert, insbesondere zum LWB. Zu dieser Zeit war Ordass ein Vizepräsident des LWB, konnte aber sein Amt wegen seiner erzwungenen Verabschiedung nicht ausüben.

---

[4] Háló 2, Dokumentumok és tanulmányok a Magyarországi Evangélikus Egyház és az állambiztonság kapcsolatáról 1945–1990. Egyházvezetők 1. Káldy Zoltán, Ottlyk Ernő [Dokumente und Studien über die Beziehung der Evangelisch-Lutherischen Kirche in Ungarn und den Staatsbehörden zwischen 1945–1990. Kirchenleitung, Teil 1. Zoltán Káldy, Ernő Ottlyk.] (Budapest: Luther Kiadó, 2014), 223.

[5] Háló 2, 283.

Nichtsdestotrotz betrachtete der LWB Ordass als gewählten Vizepräsidenten. Dies führte zu Spannungen, die nie nachließen, auch nicht nach der Wahl Káldys zum Präsidenten des LWB.

Kaum drei Monate nach Káldys Amtseinführung fand das erste offizielle Treffen mit der Leitung des LWB im Hotel Regina in Wien, Österreich, statt. Der LWB entsandte eine hochrangige, von Franklin Fry, dem Bischof von New York angeführte Delegation, zu der der Generalsekretär Carl Lund-Quist, Bischof Bo Giertz aus Göteborg, Bischof Hermann Dietzfelbinger aus München, Pastor Mogens Zeuthen aus Dänemark und der Finanzbeauftragte Rudolf Weeber gehörten. Es ist bemerkenswert, dass Káldy von Miklós Pálfy begleitet wurde, dem Dekan der theologischen Hochschule, der den Bischof quasi „von links" kontrollierte. Glücklicherweise sind sowohl der kollaborative Bericht „Pécsis" als auch das offizielle Protokoll des LWB von diesem Treffen vorhanden. Wenn wir diese beiden Texte vergleichen, können wir feststellen, dass Káldy in seinem Bericht, das Treffen und seine Ergebnisse ziemlich richtig wiedergibt. Nichtsdestotrotz ist es grotesk, dass der Bischof seinen Bericht von solch einem Treffen nicht seiner Kirche, sondern dem Staatssicherheitsdienst unter einem Decknamen ablieferte. Bemerkenswert sind auch die Unterschiede zwischen dem Bericht und dem Protokoll: Káldy erwähnt nicht, dass er sich positiv über Ordass äußerte. Es ist schwierig abzuschätzen, ob er (immer noch) ehrlich so dachte oder ob er diplomatisch sein wollte. In seinem Bericht an die staatliche Behörde schreibt er mit Bezug auf seine Äußerungen in Wien:

> Die Führung der Evangelisch-Lutherischen Kirche in Ungarn ist bestrebt, auf eine Weise ihren Dienst zu tun, der es der Kirche ermöglicht, eine Kirche in Ungarn zu bleiben. Aber die Kirche schlägt einen besonderen Weg ein, denn unter dem Sozialismus muss sie einen neuen Weg gehen. In dieser Hinsicht kann jemand aus dem Westen einer Kirche, die im Osten lebt, keine Ratschläge geben. Die Evangelisch-Lutherische Kirche in Ungarn will den Sozialismus voranbringen.[6]

Das LWB-Protokoll enthält keine Äußerungen zur Unterstützung des Sozialismus. Man findet darin nur eine kirchenpolitische Aussage:

> In der Kirche versuchen wir den Weg Christi selbst unter einer Regierung der proletarischen Diktatur zu gehen. Zugleich wollen wir das unterstützen, was gut an einer proletarischen Diktatur ist.[7]

---

[6] Zitiert in András Korányi, Hanem szeretni is. Káldy Zoltán püspöki szolgálata itthon és külföldön [Aber auch der Liebe: Der Dienst von Bischof Zoltán Káldy zu Hause und im Ausland] (Budapest: Luther Kiadó, 2012), 39–40.

[7] A.a.O., 143.

Trotz dieser unterschiedlichen Akzentsetzungen stimmen der Bericht Káldys und das LWB-Protokoll in den Hauptpunkten überein. Von daher ist es umso seltsamer, den Kommentar eines Beamten zu lesen, der dem Informanten misstraut: „Die Analyse ist ziemlich schludrig, worauf ich den Informanten hingewiesen haben. Der Bericht enthält nicht alles, was er mir erzählt hat."[8] Der Vorgesetzte im Innenministerium misstraut ebenso dem LWB und merkt an: „Die Führung des Lutherischen Weltbundes kam zu dem Treffen mit konkreten Informationen."[9]

In seinem Bericht vom 2. Juli 1962 gibt „Pécsi" einen sehr detaillierten Überblick über die Struktur des LWB und dessen Aktivitäten und leitende Personen. Nach der Angabe von statistischen Daten beschreibt der Informant den politischen Charakter des LWB, was die staatlichen Stellen am meisten interessiert haben muss.[10] Er erläutert: „Da die Mehrheit der Lutheraner im Westen leben, ist der politische Charakter des LWB durch eine westliche Orientierung bestimmt."[11] Dann kommt er auf die Angst der westlichen Gesellschaften und Kirchen vor dem Kommunismus zu sprechen und verweist auf den „dauerhaften Schmerz" des LWB darüber, dass die lettischen und estnischen Lutheraner „ihre Freiheit verloren haben" (er schätzt ihre Zahl auf 500.000 bzw. 350.000). Hinsichtlich Deutschlands schreibt er: „Der Lutherische Weltbund kann die Teilung des Landes der Reformation nicht akzeptieren und spricht sich immer dagegen aus."[12] Hier gibt er auch zu verstehen, dass die Leitung des LWB gegen den Bau der Berliner Mauer ist. Káldys persönliches Hauptproblem war, dass „die Leitung des LWB immer wieder den sogenannten Ordass-Fall auf ihre Agenda setzt. Sie sehen in ihm einen Helden, der bis zum Märtyrertum Widerstand gegen die Kommunisten geleistet hat."[13] Da die Leitung des LWB bei internationalen Verhandlungen nicht nur hinter ihrem Vizepräsidenten Ordass stand, sondern auch die Rechtmäßigkeit von Ordass' Ablösung von seinem Amt als Bischof in Frage stellte, empfand Káldy ein Legitimationsdefizit. „Pécsi" schreibt von einem wachsenden Ansehen Káldys im LWB und stellt ganz klar den LWB einseitig dar. Aber er ist auch bestrebt, das Vertrauen der ungarischen staatlichen Stellen in diese Organisation zu erhöhen. So merkt er an, es gebe in den Leitungsgremien einige Antikommunisten aber auch vorurteilsfreiere Personen. Er verweist auf den amerikanischen Bischof Fry,

[8] A.a.O., 39, (s. Anm. 6).
[9] A.a.O., 159.
[10] Háló 2, a.a.O., (s. Anm. 4), 313–316.
[11] A.a.O., 313.
[12] A.a.O.
[13] A.a.O., 314.

den finnischen Erzbischof Simojoki und Niemöller und zieht den Schluss, dass „man nicht sagen kann, dass der LWB als Ganzes reaktionär ist".[14]

Im Folgenden möchte ich die Unterschiede zwischen den beiden Informanten analysieren. In meiner Analyse wird von einer prominenten Person innerhalb des LWB die Rede sein, dem früheren Europabeauftragten, dem Dänen Paul Hansen. Hansen war mit dem kirchlichen Leben hinter dem Eisernen Vorhang vertraut und war mehrere Male in Ungarn. Im Sommer 1960 verbrachte er fast zwei Wochen dort, nahm an Gottesdiensten und Ordinationen teil, informierte sich über die kirchlichen Medien und überwachte die Verwendung einer Finanzhilfe von 100.000 US-Dollar. Der Polizeibeamte merkte zu Hansens Besuch an: „Während seines Aufenthalts hatten wir ihn durch mehrere Informanten unter Kontrolle."[15] Einer dieser Informanten war der Theologieprofessor Ernő Ottlyk, der zwischen 1967 und 1982 auch Bischof war. Er lieferte unter dem Decknamen „László Szamosi" jahrelang Berichte an die Staatssicherheit. In seinem Bericht vom 6. Juli 1960 analysiert er sehr detailliert Paul Hansens Persönlichkeit und Aktivität in Ungarn. Er erwähnt kurz, dass es nach Hansens Meinung in Ungarn eine lebendige Kirche gebe, aber danach teilt er nur Informationen mit, die geeignet sind, die staatlichen Stellen gegen Hansen einzunehmen. Er berichtet ausführlich über Hansens Kritik am kirchlichen Leben, insbesondere hinsichtlich der kirchlichen Medien, und zitiert die scharfen Worte, mit denen Hansen die proletarische Diktatur kritisierte, die er als totalitären Staat bezeichnete. Er zitiert auch Hansens Bemerkungen über die fehlende politische Freiheit in Ungarn. Ottlyk zählt in seinem Bericht die Namen aller Pastoren auf, die vom LWB ein Motorrad erbeten hatten, und weiß über fast alle Negatives zu berichten, etwa was ihren familiären Hintergrund betrifft, Kontakte mit Diakonissen oder ihre angebliche Zugehörigkeit zum Kreis um Bischof Ordass. Durch die Beschuldigungen seiner Pastorenkollegen hat er vermutlich großen Schaden angerichtet.

Der Bericht von Bischof Káldy vom 9. Juli 1960 zeichnet ein völlig anderes Bild von Paul Hansen. Káldy stellt ihn in einem positiven Licht dar. In seinem Bericht lesen wir: „Wir er selbst sagt, wird er in Dänemark als ‚fortschrittlicher' Pastor angesehen. [...] Seine Stellungnahmen in Ungarn waren außerordentlich positiv."[16] In einer Predigt, die Hansen in Budapest hielt, habe dieser gesagt, „das wichtigste Problem ist die atomare Bedrohung und seine mögliche Lösung". Káldy betont, dass aufgrund seiner diplomatischen Bemühungen Hansen Bischof Ordass nicht besucht habe. „Obwohl er Ordass besuchen wollte, gab er sein Vorhaben auf, nachdem Káldy ihm

[14] A.a.O., 316.
[15] A.a.O., 299.
[16] A.a.O., 298

gesagt hatte, dass sei nicht gut und würde die Beziehungen zwischen dem LWB und der Evangelisch-Lutherischen Kirche in Ungarn beschädigen."[17]

Es ist interessant, was die zwei Informanten – „Pécsi" und „László Szamosi" – übereinander berichteten. Beide waren Bischöfe derselben Kirche und übten ihre Ämter fünfzehn Jahre lang aus. Ottlyk bezeichnete Káldy und seinen Kreis als die „Retter der Kirche", was zu dieser Zeit alles andere als positiv war. Er war der Ansicht, Káldy taktiere, „um die Kirche und ihre reaktionären Kräfte durch eine fortschrittlich klingende Stimme zu retten"[18]. Als Káldy sich auf seine Hochzeit vorbereitete, merkte er ziemlich hämisch an, „Káldy ist sehr verliebt. Wegen seiner Heirat wird er sich weniger um die Kirche kümmern und gefügiger sein."[19] Weil Káldy die Tochter von Tamás Esze heiratete, einem reformierten Laien in Leitungsverantwortung, nahm Ottlyk an, dass sich der Bischof regelmäßig mit seinem Schwiegervater über Politik austauschen und sich um die Stärkung der Beziehungen zwischen den beiden Kirchen bemühen werde, was im kommunistischen Umfeld nicht gerne gesehen wurde. Káldys Pläne zur Straffung der kirchlichen Verwaltung werden in einem kollaborativen Bericht über seinen zukünftigen Kollegen kommentiert:

> Formal gesehen mag es positiv scheinen, dass er die Regeln des sozialistischen Staates in der Kirche einführen will. Im Grunde jedoch ist dies ein reaktionärer Schritt, der die Struktur der Kirche mehr auf den heutigen Stand bringt und Disziplin und Professionalität da einführt, wo früher Anarchie herrschte. So sehr disziplinierte Arbeit, Professionalität und Planung in einer staatlichen Verwaltung erforderlich sind, so sehr ist dies unnötig in der Kirche, da dies nur die Kirche stärken wird.[20]

Ist dies die Stimme eines Kirchenmannes?

Es gibt Beispiele dafür, wie „Pécsi" über „Szamosi" berichtet. Káldy war sich dessen bewusst, dass für den Staat (und den Staatssicherheitsdienst) Ottlyk die sicherere Quelle war. Deshalb war er vorsichtig und zurückhaltend in seiner Kritik. So äußerte er z.B. im Zusammenhang mit seiner Teilnahme an der LWB-Vollversammlung in Helsinki: „[Ottlyk] war still. Alle Mitglieder der ungarischen Delegation bemerkten dies und kritisierten untereinander die Inaktivität von Ottlyk."[21] Als Ottlyk, nun bereits Bischof, 1968 an einer Konferenz von europäischen lutherischen

---

[17] A.a.O., 298–99.
[18] Zitiert in a.a.O., 472.
[19] A.a.O.
[20] A.a.O., 473.
[21] A.a.O., 456.

Minderheitskirchen teilnahm, berichtete Káldy: „Bischof Ottlyk sagte kein Wort. Dies veranlasste bei den anderen viele Spekulationen.“[22]

Der lutherische Kirchenführer mit dem Decknamen László Szamosi (oder sollten wir eher sagen: der kollaborative Agent mit der Pseudostellung eines Theologieprofessors und eines Bischofs) war nicht nur durch Stillhalten gekennzeichnet. In seinem Bericht vom 24. August 1963 erwähnt Ottlyk den in Genf wohnenden ungarischen Pastor Vilmos Vajta, den er als den Ideologen hinter dem LWB ansah. Er beschrieb Vajta mit folgenden Worten:

> Wenn man seine Person betrachtet, macht er den Eindruck eines wurzellosen, verunsicherten Mannes. Er bezeichnet sich selbst als Ungarn, ist aber Schweizer Bürger, seine Frau ist Schwedin, aber sie leben in Genf, und die Kinder wachsen in einem sprachlichen Chaos auf. Er versucht in dieser Situation mit der Hilfe kosmopolitischer Ansichten zu überleben. Von den kirchennahen Ungarn hat nur Vajta Karriere gemacht. Wurzellos wie er ist, wird seine Würde nur durch Dollars aufrechterhalten.“[23]

Die Notwendigkeit weiterer Selbstprüfung und Busse – sodass die Vergangenheit vergeben werden möge

Meiner Ansicht nach gibt es noch viel zu tun im Blick auf die Aktivitäten des LWB und seiner Mitgliedskirchen während des Kalten Krieges. Persönlich halte ich eine Untersuchung der Berichterstattung des Geheimdienstes während der Vollversammlung in Budapest 1984 für sehr wichtig. Es wäre auch interessant, die laufenden Forschungen mit den Ergebnissen der südafrikanischen Wahrheits- und Versöhnungskommission zu vergleichen. Ich glaube, dass es da viele Ähnlichkeiten gibt: die fehlende Freiheit und die Tatsache, dass viele Menschen ihrer Rechte, ihrer Menschlichkeit und ihrer Würde beraubt wurden. Beide Systeme hatten ihre Nutznießer – die Unterdrücker selbst und diejenigen, die versuchten der Not zu entkommen, indem sie Böses taten. Nicht alle konnten das Leiden und das Kreuz Christi annehmen. Im Blick auf die nachfolgenden Generationen sprechen wir oft von „der Gnade der späten Geburt“. Das mag wahr sein, aber wir wissen nie, wann die Kirche und jedes christliche Individuum möglicherweise mit einer Situation konfrontiert werden wird, in der ein Bekenntnis nötig ist. Die Erforschung der Vergangenheit dient nicht nur der Bildung, sondern könnte uns auch darauf vorbereiten, was vor uns liegt.

---

[22] A.a.O.

[23] A.a.O., 603.

Ich glaube, dass die Anerkennung der Vergangenheit in der Evangelisch-Lutherischen Kirche in Ungarn aus verschiedenen Gründen besonders wichtig ist. Sie kann als ein Beispiel dienen für die ganze Region Mittel- und Osteuropa (und sogar in einer noch weiteren Perspektive), um zu verstehen, dass sich eine Gemeinschaft ihrer eigenen Vergangenheit und ihren eigenen Sünden stellen muss. Zugleich müssen wir uns an das Wort des Apostels halten: „Und wenn ein Glied leidet, so leiden alle Glieder mit" (1 Kor 12,26). Die Sünde des anderen ist meine Sünde, der Schmerz des anderen ist mein Schmerz. Diese biblische Haltung hilft auch, die Betonung von dem politischen auf den ethischen Aspekt zu verlagern.

Wir wissen, wie schwer es ist, die Vergangenheit zu bekennen. In vielen Fällen werden wir mit persönlichen Tragödien konfrontiert, und es ist entscheidend, dass wir während des ganzen Prozesses der Prüfung der Vergangenheit nicht nur die Persönlichkeitsrechte schützen, sondern auch im Sinne von Luthers Verständnis des achten Gebots handeln, „so dass wir unseren Nächsten nicht wissentlich belügen [...] oder in Verruf bringen, sondern wir sollen [...] Gutes von ihm reden [...]"[24] Weiterhin sollen wir nicht zukünftige Generationen strafen, stigmatisieren und demütigen wegen der Taten ihrer Eltern. Aber wir müssen über die Sache sprechen. Anerkennung, Erforschung und Bekenntnis der Vergangenheit sind wichtig für uns und für unsere christliche Berufung.

Die Archivdokumente, die ein Licht auf diese dunkle Periode werfen, sollten veröffentlicht werden. Das trifft auch auf Kirchendokumente zu, die so veröffentlicht werden müssen, dass das Risiko der Fälschung vermieden wird.

Zusätzlich zu dem faktischen Archivmaterial gibt es auch Raum für persönliche Darstellungen, etwa darüber, wie jemand in die Kollaboration eingezogen wurde, sei es in den 1950er oder 1980er Jahren. Dadurch kann man auch etwas über Spionageabwehr lernen. In der Evangelisch-Lutherischen Kirche in Ungarn ermutigen wir die Menschen zu sprechen. Viele Menschen leben mit einer großen Last, und manche denken, dass ihre Geheimnisse nicht öffentlich gemacht werden sollten. Die Anerkennung der Vergangenheit wird nicht nur zu einer historischen, sondern auch zu einer theologischen und seelsorgerlichen Aufgabe. Zu sprechen und ein Gespräch zu beginnen, kann sich als therapeutisch erweisen. Man könnte auch über erfolglose und erfolgreiche Versuche sprechen, jemanden zur Kollaboration zu bewegen, und über mündliche und schriftliche Berichte. Wir können über Sünden sprechen, die selbst die Dokumente nicht erfassen,

---

[24] Martin Luther, „Der kleine Katechismus", in: Martin Luther, Deutsch-Deutsche Studienausgabe, Bd. 1 (Leipzig: Evangelische Verlagsanstalt, 2012), 583.

so wie wir es in der Beichtliturgie sagen: „Ich beichte ... ich bereue ... mir wurde vergeben/ich habe vergeben."

All dies erfordert eine Selbstprüfung. Wir müssen nicht vor manchmal selbst ernannten Anklägern und Richtern stehen, sondern vor dem lebendigen Gott. Die Kirche kann sich nur ihrer eigenen Vergangenheit stellen, wenn sie sich entscheidet, dies nicht aufgrund von äußerem Druck zu tun, sondern aus einer inneren Motivation heraus. Nicht alleine, sondern in der Gemeinschaft der Kirche.

Wie Dietrich Bonhoeffer sagte, darf die Kirche nicht schweigen. Sie muss vielmehr in der Gesellschaft verantwortlich handeln und bereit sein, für das zu leiden, was sie als richtig bekannt hat. Wenn jedoch die Kirche eingesteht, dass sie geschwiegen hat, entbindet dies die Menschen nicht von ihrer eigenen Beichte. Vielmehr lädt es sie ein in die Gemeinschaft der Beichte.

Heute müssen die Kirchen bestrebt sein, zu sprechen und zu handeln. Dies impliziert eine ehrliche Begegnung mit unserer Vergangenheit. Nicht indem die schmutzige Wäsche in aller Öffentlichkeit gewaschen wird, sondern indem eine gemeinsame Verantwortung für eine gemeinsame Sache anerkannt wird. Die Erforschung der Vergangenheit muss durch den Grundsatz der Wahrheit in Liebe bestimmt sein. Obwohl die Mitglieder unseres Ausschusses versuchen, sorgsam und überlegt zu handeln, müssen die Ergebnisse der Untersuchungen veröffentlicht werden, einschließlich der wahren Namen, nicht nur der Decknamen, die den Informanten vom Staatssicherheitsdienst gegeben wurden. Die Mitglieder des Untersuchungsausschusses haben verschiedene ehemalige und gegenwärtige kirchliche Leitungspersonen und Pastoren darüber informiert, dass ihre Kollaboration durch Archivbelege bewiesen werden kann. Die Ausschussmitglieder betonten, dass in jedem Fall unterschiedliche Beweggründe und Formen der Kollaboration vorlagen. Die Häufigkeit der Berichte, deren Themen, der Wert der Informationen und die Auswirkungen der Berichte auf das Leben anderer Personen sind sehr unterschiedlich.

Die Anerkennung der Vergangenheit muss von fortwährendem Gebet begleitet sein. Von der immer wieder geäußerten Bitte: „Und vergib uns unsere Schuld, wie auch wir vergeben unseren Schuldigern" (Mt 6,12). Jesus ist resolut, wenn er sagt: „Deine Sünden sind dir vergeben" (Mk 2,5) und auch, wenn er bittet: „Vater, vergib ihnen; denn sie wissen nicht was sie tun" (Lk 23,34). Mose betet in einer Fürbitte für sein Volk: „Vergib ihnen doch ihre Sünde; wenn nicht, dann tilge mich aus deinem Buch, das du geschrieben hast" (Ex 32,32).

Ich würde gerne mit einem Text des ungarischen Dichters János Pilinszky schließen. In seiner „Fürbitte für Betrüger" (*Könyörgés a csalókért*) schreibt er:

> Ich habe ein tiefes Mitgefühl für Falschspieler, die nie zu sich selbst und ihren Taten stehen können. Im Vergleich zu ihnen ist ein Mörder, der seine Tat eingestanden und für sie gelitten hat, gleichzeitig ein Lamm und ein glorreiches Opfer. Aber wie ist es, mit schwarzen, schweißigen Nägeln zu leben, in einer Atmosphäre der „ewigen Lüge"? Es ist ein Schicksal schlimmer als das eines Berufskillers. Mörder können wenigstens nicht dauerhaft ihre Sünden vor sich selbst verbergen, wenigstens nicht bis zu ihrem Totenbett. Aber der Kleinbetrüger, der kleine Manipulator - sei es unter dem eigenen Namen oder einem Decknamen - kommt gewöhnlich leicht davon. [...] Das ist die wahre Tragödie. Große Sünden sind reinigend, wie der elektrische Stuhl. Aber auf was kann ein Sünder hoffen, der seine Sünde auf eine kleinlich schlaue Weise begeht? Er wird wahrscheinlich den Qualen des Lebens entgehen, aber beraubt sich all dessen Empfindungen. Wir, die Verfallenen, mögen wenigstens den Tod in unsere Lunge einatmen, aber was bleibt ihm? Wir sind schmutzig. Er ist schmierig. Wirklich ein Schmutzfink. Was könnte ich ihm wünschen? Dass er heiß ist. Oder kalt. Aber er ist schon so daran gewöhnt, lauwarm zu sein.[25]

Wir müssen keine „schmierige" Kirche sein. Es ist nicht unser Schicksal, in einer lauwarmen Zwischenlage zu verbleiben. Wir können eine Atmosphäre schaffen im Lutherischen Weltbund und seinen Mitgliedskirchen, wo man sagen kann: Ich bitte um Vergebung, und sowohl von einer menschlichen wie göttlichen Perspektive: Ich vergebe. Und wir können mit der Glaubwürdigkeit eines Augenzeugen über das sprechen, was wir gesehen und erfahren haben und vor Gott Zeugnis ablegen, der uns Gnade und Vergebung und ein neues Leben schenkt und uns verwandelt und miteinander versöhnt.

[25] http://www.ekor-lap.hu/kultura/2011/konyorges-a-csalokert.

Theologie und Wirtschaft

Wirtschaft und Gnade: Ein lutherischer Denkansatz zum Thema Geld, Religion und Schulden

Guillermo Hansen

Ein neues Gespenst geht um in unserem Leben – das Schreckgespenst der Schulden. Was haben Schulden mit Theologie zu tun? Luther bietet zwei Ansatzpunkte: der eine ist die Analyse der frühkapitalistischen Praktiken während des sechzehnten Jahrhunderts und die verheerenden Auswirkungen einer Schuldengesellschaft; der andere, dass er die Realität des Geldes und seiner Instrumente nicht nur als ethisches oder praktisches Problem sieht, sondern als eines des Bekenntnisses: „dass allein das Vertrauen und Glauben des Herzens etwas sowohl zu Gott als zu einem Abgott macht", heißt es in Luthers Großem Katechismus, und er fügt hinzu, Mammon sei „ja auch der allgemeinste Abgott auf Erden".[1]

Im ersten Teil werde ich Luthers Verständnis der frühen Praktiken des Kapitalismus untersuchen und erörtern, in welchem Verhältnis seine Sicht zu der These Walter Benjamins steht, dass Kapitalismus als „Religion" betrachtet werden könne. Wir werden sehen, dass für Luther Geld, Kapital und Schulden auf einem Gebiet des „apokalyptischen" Kampfes zwischen Gott und dem Teufel angesiedelt sind, einem Kampf, der dadurch gekennzeichnet ist, dass „Vertrauen und Glauben" falsch verortet und gestört sind. In der Sicht des Reformators steht die Ökonomie der „Gabe", die durch Christus repräsentiert wird, im Gegensatz zu der Ökonomie der „Schulden", dem Inbegriff des Dämonischen.

---

[1] Martin Luther, „Der Große Katechismus", in: Unser Glaube. Die Bekenntnisschriften der evangelisch-lutherischen Kirche, hg. vom Lutherischen Kirchenamt der VELKD (Gütersloh: Gütersloher Verlagshaus, 3. Aufl. 1993), 595f.

Wenn für Luther Glaube bedeutet: „man soll allein Gott vertrauen und nur Gutes sich von ihm versprechen und von ihm erwarten; denn er ist's, der uns Leib, Leben, Essen, Trinken, Nahrung, Gesundheit, Schutz, Frieden und alles Nötige an zeitlichen und ewigen Gütern gibt"[2], dann ist für den Kapitalismus der Sitz aller Hoffnung die mirakulöse Wesensart des Geldes. Aber wenn der Kapitalismus dank tiefsitzender psychologischer und emotionaler Antriebe überlebt, die „sowohl zu einem Gott als zu einem Abgott" machen, was sollte dann unser christlicher Standpunkt sein? Im zweiten Teil werde ich Luthers Einsicht überdenken, die eine dreifache Strategie des christlichen Lebens entwirft: Leben vom Ende der Zeiten her, das von der Gabe des Christusgeschehens bestimmt wird; Leben zwischen den Zeiten als Engagement mit den Nächsten und der Schöpfung; und Leben am Ende einer (historischen) Zeit als Vorbereitung auf eine revolutionäre Weggabelung in der Geschichte. Vom, zwischen dem und am Ende der Zeiten kennzeichnet so die wahre christliche Existenz, eine Existenz, die kritisch ist gegenüber wirtschaftlichen Praktiken und Konzeptionen (zynisches Leben[3]), ungeduldig das Kommen des Neuen erwartet (revolutionäres Leben), und doch engagiert ist in einem kontinuierlichen Aufschub des letzten apokalyptischen Ausgangs in der Geschichte um der Schöpfung willen (reformerisches Leben). Luthers Sicht der drei Ordnungen der Schöpfung und des zweifachen Regiments Gottes erlauben uns, die drei oben genannten Aspekte in einer kraftvollen antifragilen[4] Rezeptur inmitten der fragilen Textur der Geschichte zu umfassen.

Luther und das Kapital

Für Luther waren Geld, Schulden und Arbeit theologische Sachverhalte ersten Ranges, die sich auf relationale Felder beziehen, auf denen und

---

[2] A.a.O., 600.

[3] Ich verwende den Begriff „zynisch" hier, um eine kritische Haltung gegenüber vorherrschenden Werten und Praktiken zu bezeichnen, die in der Realisierung der Begierden des Ego begründet sind. In diesem Sinne bezeichnet zynisch die Demaskierung der – individuellen und kollektiven – Selbstsucht.

[4] Ich entlehne den Begriff der „Antifragilität" von Nassim Nicholas Taleb, Antifragile: Things that Gain from Disorder (New York: Random House, 2012). Nach Taleb geht „Antifragilität noch über Resilienz und Robustheit hinaus. Der Resiliente widersteht Schocks und bleibt derselbe; der Antifragile wird besser." Die Aufgabe besteht deshalb nicht darin, die Fragilität an der Wurzel zu packen (denn das würde das Leben seiner Stressoren berauben, d.h. seiner Funktionsfähigkeit), sondern um „die Reduktion der Fragilität oder um die Nutzbarmachung von Antifragilität" (Kindle Edition, locations 339, 353, 361).

durch die der Kampf zwischen dem Teufel und Christus ausgetragen wird.[5] Er war nicht nur ein scharfer Beobachter und Analytiker der frühen Erscheinungsformen dessen, was später als „Kapitalismus" bezeichnet wurde, sondern er bezeichnete auch Dinge wie Kredit, Schulden, Inflation, Zinsen, Wucher, Pacht und Monopol als Ausdrucksformen des Unglaubens, einer dämonischen Realität, selbst als das Reich Satans.[6] „Geld", schreibt Luther, „ist das Wort des Teufel, durch das er alles in der Welt schafft, so wie Gott durch das wahre Wort schuf."[7] Bei wirtschaftlichen und politischen Belangen handelte es sich um theologische Felder, wo sich nicht nur das Individuum mit der Natur und anderen Menschen in produktiven und distributiven Bereichen verband, sondern auch Gottes eigenes Werk auf dem Spiel stand. „Denn die Kreaturen sind nur die Hand, das Rohr und das Mittel, wodurch Gott alles gibt [...]", erklärt Luther in seinem „Großen Katechismus".[8] Und in seinem Bekenntnis von 1528 legt er eine Theologie der drei „heiligen Orden" (Haushalt/Ökonomie, weltliches Regiment, Kirche) vor, durch die wir in Gottes heiliges Werk eingebunden sind.[9]

Um den Stellenwert der Wirtschaft im Allgemeinen und des „Kapitalismus" im Besonderen bei Luther besser zu verstehen, werden wir einen indirekten Weg einschlagen, der von einer These von Walter Benjamin

---

[5] Siehe Oswald Bayer, Martin Luthers Theologie: Eine Vergegenwärtigung (Tübingen: Mohr Siebeck, 2003), 2–5 (engl. Übersetzung: Martin Luther's Theology: A Contemporary Interpretation, Grand Rapids: Wm. B. Eerdmans, 2008, 2–5). Ebenso Heiko Oberman, Luther: Mensch zwischen Gott und Teufel (Erstausgabe 1982, München: Pantheon Verlag, 2016), 123–128 (engl. Übersetzung: Luther: Man between God and the Devil , New York: Doubleday, 1989, 102–106). Oberman schreibt: „Alles gerät jedoch schief und wird apologetisch fehlprogrammiert, wenn diese Teufelsvorstellung als Zeiterscheinung ausgemerzt und nur Luthers Christusglaube als bleibend herausgehoben wird. Christus und der Teufel sind für ihn gleich wirklich, der eine steht beständig für seine Christenheit ein, der andere gefährdet die Menschheit bis zum Ende. [...] Es findet ein kosmischer Kampf zwischen Christus und Satan um den Besitz von Kirche und Welt statt" (124f.).

[6] Siehe Ricardo Rieth, „Luther on Greed", in: Lutheran Quarterly XV/3 (Autumn 2001), 345. Siehe auch Martin Brecht, Martin Luther, Bd. 3, Die Erhaltung der Kirche: 1532–1546 (Stuttgart: Calwer 1987), 257ff. (engl. Übersetzung: Martin Luther: The Preservation of the Church [1532–1546], transl. James Schaaf, Minneapolis: Fortress Press, 1999, 259f.). Ich folge Tillichs Interpretation des Dämonischen als einer Perversion und Zerstörung der Strukturen der Schöpfung.

[7] WA Tischreden, I Band, Nr. 391 (170). Vgl. Mark C. Taylor, After God (Chicago: The University of Chicago Press, 2007), 64.

[8] Martin Luther, „Der Große Katechismus", a.a.O., 602.

[9] Siehe Martin Luther, „Vom Abendmahl Christi/Bekenntnis", in: Martin Luther, Deutsch-Deutsche Studienausgabe, Bd. 1 (Leipzig: Evangelische Verlagsanstalt, 2012), 561.

eröffnet wird: „Im Kapitalismus ist eine Religion zu erblicken, d.h. der Kapitalismus dient essentiell der Befriedigung derselben Sorgen, Qualen, Unruhen, auf die ehemals die so genannten Religionen Antwort gaben."[10] Benjamin sagt nicht ausdrücklich, dass der Kapitalismus eine Religion ist, sondern dass wir im Kapitalismus eines der Strukturprinzipien von Religion erkennen können. Der Kern von Religion ist nach Benjamin *Schuld* - ein duales Zeichen, das sowohl Schuld im religiösen, moralischen Sinne, als auch Schulden im ökonomischen Sinne bedeutet.[11] Für Benjamin ist der Kapitalismus „verschuldend. Der Kapitalismus ist vermutlich der erste Fall eines nicht entsühnenden, sondern verschuldenden Kultus."[12] Das ist eine kritische Beobachtung, denn wenn die Grundstruktur von Religion *Schuld* ist (d.h. Schulden verstärkt durch Schuld), dann ist Kapitalismus der sublime Ausdruck des negativen Pols dieser Struktur (d.h. er wird erhalten durch die fortwährende Erzeugung von Schulden/Schuld). Das Fehlen jeglicher Entsühnung jedoch wandelt ihn in eine dämonische Religion um: „Ein ungeheures Schuldbewußtsein das sich nicht zu entsühnen weiß, greift zum Kultus, um in ihm diese Schuld nicht zu sühnen, sondern universal zu machen." Eine Religion ohne Entsühnung und Befreiung: „Darin liegt das historisch Unerhörte des Kapitalismus, daß Religion nicht mehr Reform des Seins, sondern dessen Zertrümmerung ist."[13]

Betrachtete Luther den „Kapitalismus" als Religion? Sicherlich benutzte er nie den Ausdruck „Kapitalismus" für die damaligen Verhältnisse; wenn wir ihn heute als einen Begriff benutzen, dann in einer rückwirkenden historischen Erkenntnis. Aber er sprach eine große Zahl neuer Praktiken an, die man später für frühe Ausdrucksformen der „kapitalistischen" Produktionsweise und Akkumulation erachtete. Luther hatte eine Auffassung von Religion, durch die es möglich war, die Erscheinungen einer frühkapitalistischen Praxis nicht nur als Anomalien in der glatten Tex-

---

[10] Walter Benjamin, „Kapitalismus als Religion", in: Gesammelte Schriften, Band VI, hg. von Rolf Tiedemann/Hermann Schweppenhäuser (Frankfurt a.M., 1985), 100–104, hier 100.

[11] Worauf der griechische Begriff *opheilemata* (Schulden) in der Fassung des Vaterunsers bei Matthäus hinweist (Mt 6,12), im Unterschied zu Lukas (Lk 11,4), wo die Schulden durch Sünden (*hamartias*) ersetzt worden sind. Siehe Robert Funk (ed.), The Five Gospels: The Search for the Authentic Words of Jesus (New York: HarperCollins, 1997), 149, 326.

[12] Benjamin, a.a.O., 100 (der Autor zitiert im engl. Original nach der Übersetzung von Daniel Weidner, „Thinking beyond Secularization: Walter Benjamin, the 'Religious Turn', and the Poetics of Theory", in: New German Critique 111, vol. 37, no. 3 [Fall 2010], 140).

[13] Benjamin, a.a.O., 101.

tur des Feudalismus zu erkennen, sondern als die Strukturierung einer Subjektivität, die im offenen Gegensatz zum christlichen Glauben steht.

Kapitalismus: eine Religion? Ein Blick auf das erste Gebot

Betrachten wir eine einfache Definition von Religion, die wir bei Luther finden können. Religion ist keine Sache einer bestimmten Kosmologie, eines institutionellen Gefüges, nicht einmal einer vorgegebenen Definition einer metaphysischen Transzendenz, sondern sie ist beheimatet in dem, was Luther Glauben als Vertrauen bezeichnet: ein anthropologisches Phänomen, das die menschliche Existenz strukturiert. Dies geht deutlich aus Luthers Kommentar zum ersten Gebot in seinem „Großen Katechismus" hervor. Wir kennen sehr gut seine Worte, in denen er Gott, Herz und Glauben miteinander verbindet:

> „Einen Gott haben" heißt also nichts anderes, als ihm von Herzen vertrauen und glauben; wie ich oft gesagt habe, dass allein das Vertrauen und Glauben des Herzens etwas sowohl zu Gott als zu einem Abgott macht. Ist der Glaube und das Vertrauen recht, so ist auch dein Gott recht, und umgekehrt, wo das Vertrauen falsch und unrecht ist, da ist auch der rechte Gott nicht. Denn die zwei gehören zuhauf (zusammen), Glaube und Gott. Woran du nun, sage ich, dein Herz hängst und [worauf du dich] verlässest, da ist eigentlich dein Gott.[14]

Doch wir vergessen oft das folgende Gegenbeispiel, das Luther gibt:

> Es ist mancher, der meint, er habe Gott und alles zur Genüge, wenn er Geld und Gut hat; er verlässt sich darauf und brüstet sich damit so steif und sicher, dass er auf niemand etwas gibt. Sieh, ein solcher hat auch einen Gott: der heißt Mammon, d.h. Geld und Gut; darauf setzt er sein ganzes Herz. Das ist ja auch der allgemeinste Abgott auf Erden. Wer Geld und Gut hat, der weiß sich in Sicherheit, ist fröhlich und unerschrocken, als sitze er mitten im Paradies; und umgekehrt, wer keins hat, der zweifelt und verzagt, als wisse er von keinem Gott. Denn man wird ja ganz wenig Leute finden, die guten Muts sind und weder trauern noch klagen, wenn sie den Mammon nicht haben; das klebt und hängt der [menschlichen] Natur an bis in die Grube.[15]

Nachdem Luther noch andere Beispiele angeführt hat, sagt er abschließend über die Abgötterei: „Denn sie besteht nicht bloß darin, dass man ein Bild aufrichtet und anbetet, sondern vor allem in einem Herzen, welches

[14] Martin Luther, „Der Große Katechismus", a.a.O., 595f.
[15] A.a.O., 596f.

anderswohin gafft und bei den Kreaturen, bei Heiligen oder Teufeln Hilfe und Trost sucht."[16] Zwei Dinge sind hier anzumerken. Erstens benutzt Luther den Begriff „Herz" als Metonymie für die subjektive Dimension des Menschen.[17] Zugleich ist diese Subjektivität materiell und geschichtlich vermittelt, „produziert" durch die verschiedenen relationalen Felder, denen Personen zugehören. Diese relationalen Felder oder Bereiche nennt Luther „Stände" – Bereiche, die immer als Bahnen des Vertrauens dienen.

Was wir heute „Kapitalismus" nennen, gewahrte Luther nicht so sehr als eine neue Form der wirtschaftlichen und gesellschaftlichen Organisation, sondern als eine neue spirituelle und materielle Macht in völliger Dissonanz zum Christentum – eine Abgötterei. Mit anderen Worten als eine Neustrukturierung von Herzen und Körpern auf der Grundlage der „religiösen" Prämisse, dass etwas (d.h. Geld, Profit) aus nichts gemacht werden kann. Luther stellte das Problem des Geldverdienens direkt in den Zusammenhang des ersten Gebotes: Kapitalismus ist das Vertrauen auf sich selbst und das sich selbst zu Gott machen, „denn worauf ein Mensch vertraut und sich verlässt, das ist sein Gott"[18]. Kapitalismus kann daher als eine Religion betrachtet werden, wenngleich als eine falsche.

Luthers theologische und pastorale Haltung gegenüber frühkapitalistischen Praktiken

Außer in seinen Schriften „Von Kaufshandlung und Wucher" (1524) und „An die Pfarrherrn, wider den Wucher zu predigen, Vermahnung" (1540) nimmt Luther in zahlreichen seiner exegetischen, pastoralen und theologischen Schriften Bezug auf wirtschaftliche Sachverhalte. Man sollte diese ausdrücklichen Hinweise auf kapitalistische Praktiken als eine Ausweitung seiner ursprünglichen Auseinandersetzung mit dem Ablasshandel und dem scholastischen Denken ansehen. Es gibt also hier wenigstens zwei Momente – die sich zunehmend überschnitten mit dem Fortschreiten der Reformation – die Luthers Beschäftigung mit dem Problem des „Kapitalismus" bündelten. Das erste Moment, oft missverstanden als eine bloße Kritik an kirchlichen Missständen, stellt einen veritablen *casus confessionis* dar und ist nicht gegen das Papsttum als solches gerichtet, sondern gegen die Tyrannei einer neuen Logik und Praxis innerhalb der Kirche.

---

[16] A.a.O., 599.

[17] Siehe Tuomo Mannermaa, Two Kinds of Love: Martin Luther's Religious World, übers. v. Kirsi Stjerna (Minneapolis: Fortress Press, 2010), 5f.

[18] Martin Luther, „Von Kaufshandlung und Wucher (1524)", in: WA 15, 293–313, 321–322. Auch: Martin Luther, Deutsch-Deutsche Studienausgabe, Bd. 3 (Leipzig: Evangelische Verlagsanstalt, 2016), 407–451, hier 421f.

Indem er den Ablasshandel, die Messe und das scholastische Paradigma von Natur und Gnade kritisierte, stellte Luther eine Logik in Frage, die neue ökonomische Praktiken nachahmte. In der Kirche des Mittelalters war das wertvollste aller religiösen Güter – die Vergebung der Sünden – vermittelt durch die Ablass- und Bußpraktiken zu einer geldlichen Tauschware geworden. 1343 verlieh Papst Clemens VI. dem Ablassglauben und seiner Praxis einen „kapitalistischen" Schwung, indem er behauptete, dass die weite Verbreitung des himmlischen Schatzes zu einem Wachstum an Verdienst führen würde, welches wiederum in einer Art positiven Kreislauf zu einer weiteren Ansammlung von Reichtum führte.[19] Dazu kam, dass die Hohenzollern bei dem mächtigen Bankhaus Fugger schwer verschuldet waren und ihre Erlöse aus dem Verkauf von Ablässen gleichmäßig an den Kreditgeber, d.h. die Fugger, und den „Eigentümer" der Rechte, d.h. Rom, verteilten. Somit wandte sich Luthers Angriff auf den Ablasshandel gleichzeitig, *in obliquo*, auch gegen die „kapitalistische" Logik, die in die Praxis und Theologie der Kirche eingesickert war. In der Tat war die ganze Kritik an der Werkgerechtigkeit ein Angriff auf die Vorstellung von einer *Schuld* (im Original deutsch), die von dem Sünder-Schuldner zurückgezahlt werden kann und muss.

Luther sprach in seinen Schriften die Abhängigkeit der Wirtschaft von der mythologischen Macht von Geld und Schulden an, und ebenso die Willfährigkeit des Staates ihr gegenüber. Während Spott über materiellen Reichtum, Wucher, Zinsen, Geiz und Gier bei Dominikanern und Franziskanern schon jahrhundertelang zur Grundausrüstung des Giftschranks gehörte, geht Luther über diese moralische Sicht hinaus, die Geld einfach nur mit Verachtung straft, um die Gläubigen auf die höheren „spirituellen" Werte zu verweisen. Auch er kann Wucherer und Händler mit den harten Worten verurteilen: „Man hat Grund zur Sorge, dass es hier zugeht wie Sirach sagt, dass Kaufleute kaum ohne Sünde sein können. Ja, ich meine, es trifft auf sie das Wort des Paulus in 1 Tim 6 zu: die Habgier ist eine Wurzel allen Übels"[20], oder „dein Verkaufen soll nicht eine Sache sein [...] als wärest du ein Gott"[21]. Aber dann geht er weiter, indem er enthüllt, dass die rätselhaften Eigenschaften des Geldes auf der Ausbeutung der Verluste, Nöte, Bedürfnisse und Arbeit beruhen. Man kann nicht „mit

[19] Siehe Erik Erikson, Young Man Luther: A Study in Psychoanalysis and History (New York: Norton, 1958), 188. (Erik H. Erikson, Der junge Mann Luther: Eine psychoanalytische und historische Studie [Berlin: Suhrkamp, 2016] 288).

[20] „Von Kaufshandlung und Wucher (1524)", in: Martin Luther, Deutsch-Deutsche Studienausgabe, Bd. 3 (Leipzig: Evangelische Verlagsanstalt, 2016), 411.

[21] A.a.O., 415.

bloßem Geld“[22] Geld verdienen, bemerkt Luther und verweist so auf die perversen Machenschaften, durch die eine neue Sphäre des Austausches, der kapitalistische Markt gestärkt wird.

In einer aufschlussreichen Passage beschreibt Luther den Mechanismus des Profitstrebens und der Ausbeutung:

> Denn wenn der Arglistige und Habgierige bemerkt, dass man seine Ware benötigt oder der Käufer arm ist, aber auf ihn angewiesen ist, dann nutzt er das aus und verteuert sie. Da sieht er nicht auf den Wert der Ware oder auf den Aufwand seiner Mühe und sein Risiko, sondern nur auf die Not und den Mangel seines Nächsten [...]. Und so muss durch seine Habgier die Ware umso mehr wert sein, je größer die Not ist, die der Nächste leidet. Die Not des Nächsten bestimmt also den Preis und den Wert der Ware.

und fragt entrüstet:

> Sage mir, ist das nicht unchristlich und unmenschlich gehandelt? Wird da nicht dem Armen seine eigene Not mit verkauft? Denn weil er um seiner Not willen die Ware umso teurer nehmen muss, bedeutet dass, dass er seine eigene Not mit kaufen muss. Denn ihm wird nicht die reine Ware verkauft, wie sie an sich ist, sondern, weil er sie braucht, mit Beimischung und Aufschlag.[23]

Während aber Not und Mangel die Profitmöglichkeit des Händlers erklären können, beschreiben sie noch nicht die Quelle, die den Austausch zwischen Käufer und Verkäufer ermöglicht. Das ist für Luther die Arbeit des Käufers, die den Überschuss von Wert oder Profit liefert. Der Kapitalist saugt „dem anderen Schweiß und Blut aus“[24].

Der Historiker Gerhard Brendler merkt in einem Kommentar zu Luthers Predigt an:

> Erstmals in der Geschichte des ökonomischen Denkens deckte er auf, daß der Gläubiger die Arbeit des Schuldners kauft und daß der Zins auf das ausgeliehene Kapital nicht aus einer magischen Kraft des Geldes oder aus der natürlichen Fruchtbarkeit eines verpfändeten Bodens kommt, sondern aus der Arbeit des Schuldners.[25]

---

[22] Martin Luther, „(Großer) Sermon von dem Wucher (1520)“, WA 6, 54.

[23] „Von Kaufshandlung und Wucher (1524)“, in: Martin Luther, Deutsch-Deutsche Studienausgabe, Bd. 3 (Leipzig: Evangelische Verlagsanstalt, 2016), 415.

[24] „Von Kaufshandlung und Wucher (1524)“, WA 15,322.

[25] Gerhard Brendler, Martin Luther: Theologie und Revolution (Köln: Pahl-Rugenstein, 1983), 184, Hervorhebung vom Autor.

Karl Marx schreibt diese neue Erkenntnis Luther zu und zitiert ihn ausführlich. Es geht ihm um die Widerlegung der „Vorstellung vom Kapital als sich selbst reproduzierendem und in der Reproduktion vermehrendem Wert, kraft seiner eingebornen Eigenschaft als ewig währender und wachsender Wert“[26].

Luthers Schmähreden gegen die frühen Praktiken des Kapitalismus entwickelten sich in zwei Bereichen: einer ist der einer wahrhaft christlichen Haltung diesen gegenüber, fest verwurzelt in der paränetischen Dimension des Evangeliums, die für Christen und Christinnen, als Träger und Trägerinnen Christi, keine von außen herangetragene Bitte oder Gesetz ist, sondern ausströmt als ein spontaner Akt der Liebe, ausgelöst durch die Not des oder der Nächsten.[27] Seine Anordnungen, wie Güter von Christen ausgetauscht werden sollten, mögen naiv erscheinen, aber sie beschreiben die richtige Form des Austauschs – im Prinzip auf alle Bereiche der menschlichen Existenz anwendbar – nach dem Muster des „Austauschs“ zwischen Gott und der Menschheit dargestellt in Christus: hier wird der „Schuldner“ (der Sünder bzw. die Sünderin) nicht mit den Forderungen des „Großen Gläubigers“ (Gott) konfrontiert, sondern mit Gottes eigener Selbsthingabe. Es ist Gottes eigenes „Selbst“, nämlich Christus, das als freie Gabe gegeben wird für den Mangel, der das ganze Sein der Menschheit durchzieht. Mit anderen Worten, Gottes Ökonomie koinzidiert mit Gottes eigener Entfaltung, in der Gott keine Rückzahlung im Sinne eines „fairen“ Austausches zwischen menschlichen Tugenden und guten Werken und Gottes Gnade und Erlösung fordert. Im Gegenteil, die Regeln eines „fairen“ Austausches werden abgeschafft. Dies ist der „fröhliche Wechsel“[28], ein Grundpfeiler von Luthers gesamter Theologie, der wiederum den Austausch von Christen und Christinnen miteinander und mit der Welt bestimmt.

Der Reformator war der Überzeugung, dass das Bekenntnis zu Christus bedeuten müsse, sich im materiellen Bereich des Austausches von Gottes Gaben einzulassen auf eine oder alle „vier Möglichkeiten, äußerlich gut

---

[26] Karl Marx, Das Kapital. Dritter Band: Der Gesamtprozess der kapitalistischen Produktion (Berlin: Dietz Verlag, 1964), 406.

[27] Wie es am Anfang des „Großen Sermons vom Wucher“ heißt: „Deshalben es Not ist einem jeglichen Menschen, in dieser gefährlichen Zeit sich wohl vorzusehen und in den Händeln zeitlicher Güter mit rechter Unterscheidung zu wandeln, mit fleißigem Aufmerken des heiligen Evangeliums Christi, unseres Herrn.“ Martin Luther, „(Großer) Sermon von dem Wucher (1520)“, WA 6, 36.

[28] Siehe Martin Luther, „Von der Freiheit eines Christenmenschen“, in: Martin Luther, Deutsch-Deutsche Studienausgabe, Bd. 1 (Leipzig: Evangelische Verlagsanstalt, 2012), 291.

christlich miteinander [zu] machen“[29]: den anderen unser Gut stehlen lassen, jedermann geben umsonst, der es bedarf, leihen oder borgen ohne es wiederzuerwarten, und Kaufen und Verkaufen und mit Geld oder Ware mit Ware bezahlen.[30] Christliche Gemeinschaften werden mit anderen Worten als Orte „kommunistischer“ Praxis ausgemalt, wo Austausch und Handel nicht von der Logik des endlosen Profits beherrscht werden, also nicht durch die finanziellen Mechanismen von Bürgschaften und Krediten mit Zinsen, wo „jeder seine Ware so teuer verkauft, wie es ihm möglich ist“[31].

Luther weiß, dass diejenigen, die vom Evangelium geleitet werden, obwohl sie fest im Glauben sind, sich in der Sphäre des Austausches in einer „fragilen“ Lage befinden, schutzlos allen Arten von Missbrauch und Ungerechtigkeit ausgeliefert. Obwohl das Evangelium stark ist in seiner Fähigkeit, Individuen zu verwandeln und Gemeinschaft zu schaffen, ist es doch als Mittel der Ordnung der ganzen Gesellschaft „fragil“. Das Evangelium kann seine Anforderungen denjenigen, deren Subjektivität und Praxis von anderen „Göttern“ gefangen gehalten wird, nicht aufzwingen, noch sie nötigen. Daher dient Luthers Verständnis der Rolle von Gesetz und weltlicher Obrigkeit als eine notwendige „antifragile“ Strategie. Die Tatsache, dass Christen und Christinnen selten sind, und dass die Welt immer noch Gottes gute Schöpfung ist, obwohl sie die Sünde gefangen hält, brachte Luther dazu, eine Theologie der drei Stände und zwei Regimente darzulegen als Mittel gegen Missbrauch, Ausbeutung und Ungerechtigkeit, um der Schöpfung als Ganzer willen. Wir werden darauf zurückkommen.

Schuld, Werkgerechtigkeit und Gabe: Der Konflikt der Normen

Bei der Betrachtung des Luther'schen Denkens im Lichte der Thesen Walter Benjamins kann man folgende Schlussfolgerungen wagen:

- Nach Ansicht Benjamins können die von Luther beschriebenen und kritisierten neuen ökonomischen Praktiken theologisch als Manifestationen von Grundstrukturen einer Religion begriffen werden, die auf Schuld (im Originaltext deutsch) basiert. Bei Luthers Konflikt mit Rom ging es weniger um kosmetische Reformen religiöser Praktiken und der Liturgie als um die Abschaffung der klassischen Opferökonomie von Zeichen, in der das menschliche Subjekt stets dem „Geber“ gegenüber in Schuld verbleibt, woraus das wohlbekannte Schema der Werke und

[29] „Von Kaufshandlung und Wucher (1524)“, in: Martin Luther, Deutsch-Deutsche Studienausgabe, Bd. 3 (Leipzig: Evangelische Verlagsanstalt, 2016), 425.
[30] A.a.O., 425-431.
[31] A.a.O., 431.

des Verkaufs von Ablässen folgt. Diese theologische Ökonomie erzeugte einen fortwährenden Zustand der Verschuldung: Je mehr Gnade floss, desto mehr wurde man zum Schuldner. Dieses Schema lieferte die theologische Vorlage für die Legitimierung einer neuen monetären Praxis – einer, in der Gläubiger und Schuldner, Gott und Sünder, in ein (kapitalistisches) Transaktionsschema eingebunden sind. Die scholastische Version des Christentums schuf ein System von Objekten, in dem Zeichen wie Waren ausgetauscht werden konnten (d.h. Tugenden gegen Gnade). Daher waren Luthers Einwürfe gegen kapitalistische Praktiken nicht allein von moralischer Entrüstung bestimmt, sondern auch durch eine theologische Umkehrung eines Systems austauschbarer und verhandelbarer Zeichen durch eine Norm, die auf Christus als Gabe gründete. Seine Angriffe auf kirchliche Praktiken (Ablässe), Scholastik (Werkgerechtigkeit) und „Kapitalismus" (Verschuldung) sind alle verschiedene Ausdrucksformen derselben strukturbildenden Norm.

- Die Abschaffung dieser Ökonomie von Zeichen wird bewerkstelligt durch Luthers Transformation der Normen des Austauschs. Er führt eine Ökonomie von Symbolen ein, die auf der Realität einer Gabe basiert. Seinen höchsten Ausdruck findet dieser Wandel in seiner Theologie des Kreuzes, wo im fröhlichen Wechsel (im Original deutsch) etwas (Christus) für nichts (Sünde, Verschuldung) gegeben wird. Diese bedeutet eine völlige Abzahlung der Schuld, wodurch ein (dämonischer) Mechanismus von Asymmetrien zerbrochen wird. Das Verhältnis von Gesetz und Evangelium stellt sich im Blick auf die menschliche Existenz so dar: Während das Gesetz sagt, was wir tun sollten, sagt das Evangelium, was wir empfangen sollten; während das Gesetz der Zuchtmeister ist, der fordert, dass wir arbeiten und geben, gewährt das Evangelium unentgeltlich und fordert nur zu empfangen, was angeboten wird. „Also, wenn das Evangelium ein Geschenk ist und ein Geschenk darreicht, so folgt, dass es nichts fordert."[32]

- Kapitalistische Praktiken sind eine Verkörperung selbstsüchtiger Gewinnsucht und stehen in direktem Gegensatz zur selbsthingebenden Präsenz Christi (und von Christen und Christinnen). Sie sind eine Verletzung des ersten Gebots, denn sie richten nicht nur das ganze Selbst und die ganze Persönlichkeit auf irdische Dinge aus, denen Endgültigkeit fehlt und die nicht der menschlichen Berufung gerecht

[32] Martin Luther, „Ausführliche Erklärung der Epistel an die Galater" (1535), in: Johann Georg Walch (ed.), Dr. Martin Luthers Sämtliche Schriften Bd. 9: Auslegung des Neuen Testaments (St. Louis: Concordia Publishing 1893), 279.

werden können, sondern auch auf eine aktive Ausbeutung der Nöte und Bedürfnisse der Nächsten.

- Schließlich kann aus Luthers Perspektive der „Kapitalismus" als eine (dämonische) Religion angesehen werden, weil er im weltlichen Bereich dieselbe Logik kopiert, die man in der vom „Antichristen" beherrschten Kirche findet. Er basiert wirklich auf einem „Glauben", aber auf einem Glauben, der zu einer „Störung" der Persönlichkeit führt (Tillich) und das Ganze des Sozialgefüges der Existenz meidet. Er basiert kurz gesagt auf einem Mechanismus der Enteignung.

Wir kommen nun zu Luthers Unterscheidung der drei Stände und der zwei Regimente als einer Strategie des Umgangs mit dem Bösen und Missbrauch.

Luthers antifragile Strategie: Drei simultane Formen des christlichen Lebens

Wenn die bisherige Analyse richtig ist, dann basiert die Wirksamkeit und die Anziehungskraft des Geldes auf dem alten religiösen Axiom der *Schuld* (im Original deutsch) – Schuld und Schulden. Das Problem ist daher zweifach. Einerseits die Problematik der Signifikation und Repräsentation von Subjektivität, andererseits die Frage, wie die schädlichen gesellschaftlichen Auswirkungen einer inhärenten Fragilität ohne Rückgriff auf totalitäre und repressive Maßnahmen beschränkt werden können. Damit kommen wir zu dem strukturell-ethischen Problem.

Die Apokalypse von Gott, Glaube und das Selbst: Leben vom Ende der Zeiten her

Der Ansatz des Christentums im Blick auf das erste Problem, das an die Schuld gefesselte Subjekt, ist ein radikales Verständnis des Glaubens als ein apokalyptisches Geschehen, das stattfindet in einer Abfolge von Signifikationen, die das Subjekt als solches konstituieren. Es markiert ein Ende, aber auch einen Anfang. Es ist gekennzeichnet durch einen Kampf zwischen dem Ego und dem neuen Selbst (Christus), wie es Paulus in seinen rätselhaften Worten in Galater 2,20 darlegt: „Ich lebe, doch nun nicht ich, sondern Christus lebt in mir."[33] Gerechtigkeit und Glaube sind nicht das Ergebnis harter Arbeit auf der Grundlage unserer substantiellen

[33] Über Luthers Glaubensverständnis im Blick auf den Brief des Paulus an die Galater sieh Guillermo Hansen, „Luther's Radical Conception of Faith: God, Christ,

Möglichkeiten und Eigenschaften, sondern die Annahme und Integration einer „fremden" Perspektive in das symbolische Netz, das unsere Subjektivität bildet.

Das Verständnis von Subjektivität als ein symbolisches und perspektivisches Geschehen bedeutet, dass wir keine substantielle, „Ego" oder „Bewusstsein" genannte, Realität besitzen, die Symbole produziert, sondern dass das Bewusstsein als solches das Resultat symbolischer Vernetzungen ist. Ego und Bewusstsein sind somit eine virtuelle Welt, die im Falle Paulus' und Luthers ein Schlachtfeld beinhaltet, auf dem ein alte historische Entwicklungslinie (Sünde, auf die das Gesetz antwortet) vergeht und ein neues Leben beginnt (Glaube an Christus). Für Luther ist die paulinische Aussage – „Ich lebe, doch nun nicht ich, sondern Christus lebt in mir" – der Mittelpunkt seiner Verkündigung der Gerechtigkeit Christi – einer Gerechtigkeit, durch die Christus in uns lebt und uns einen neuen symbolisch perspektivischen Standpunkt gewährt.

Es ist klar, dass die Gerechtigkeit Christi nicht nur ein forensisches Geschehen bezeichnet, sondern auch einen existenziellen und psychologischen Übergang, durch den ein „fremdes" Leben als das eigene gelebt wird. Christus ist das Symbol für eine neue soziale und relationale Reinskription der Person, eine symbolische Ordnung, die losgelöst ist von einer Welt, die die Person gegen ihr eigenes Ego, andere Egos und Gott ankämpfen lässt. Das Ego ist durch und durch relational, aber es ist gefangen in einem Bündel falscher Perspektiven aufgrund einer falschen symbolischen Artikulation.

Paulus' Aussage: „Ich lebe, doch nun nicht ich, sondern Christus lebt in mir", beinhaltet für Luther ein neues Umfeld, das das phänomenale Selbst eines Christen bzw. einer Christin tatsächlich neu ordnet. Und indem es das tut, setzt es eine neue Identität frei, die sich in der Lebenspraxis ausdrückt. Christus ist nicht nur in „virtueller" Weise „so nahe und so eng verbunden" mit mir und wohnt in mir, sondern Christus ist auch der Name für den Übergang von der Virtualität zur Aktualität, denn „Christus [...] lebt dieses Leben, welches ich lebe, in mir, ja, das Leben, durch welches ich so lebe, ist Christus selbst".[34] Christus formt das Leben, das man nun lebt, ein neues Umfeld, das sich aufschließt, wenn man aus seiner eigenen Haut gezogen wird. Alle Attribute Christi – Gnade, Gerechtigkeit, Leben, Frieden und Erlösung – „haften" nun an der eigenen Existenz. Wenn man die eigene Person von Christus trennt, fällt man in seine alte Welt zurück, der des Gesetzes und der Macht des Dämonischen.

---

and Personhood in a Post-Metaphysical Age", in: Dialog: A Journal of Theology 52/3 (Herbst 2013), 212–221.

[34] W IX, 226.

Grundsätzlich findet eine Verlagerung von einem Kodex des Konsums und der Schulden zu einem der Gabe statt. Es wird ein befreites Umfeld geschaffen, in dem man frei ist, seine Nächsten zu lieben, ohne in die Mechanismen der Schuld zurückzufallen, ohne das Bestreben, andere zu „konsumieren" auf der Basis ihre Schulden und Schuld. Diese vom Glauben hervorgerufene Freiheit wendet das Subjekt nach außen in einer zweifachen Weise an: als eine Praxis der Gabe inmitten von Nöten und Bedürfnissen, und als eine „zynische" Kritik sowohl an den selbstsüchtigen Beweggründen, die das tägliche Leben strukturieren, als auch an der vorherrschenden Ideologie, die unsere Kultur bestimmt. Und doch basiert diese Praxis auf einer völligen Passivität, die aus dem neuen perspektivischen Standpunkt resultiert, wo Gott zu uns nicht als der Große Schuldherr kommt, sondern als Gabe. Diese Bewegung zeigt sich im Leben eines Christen bzw. einer Christin als der Tod des alten Egos, seines semiotischen Netzes, und der Geburt eines neuen Selbst. Das ist die Strategie, die Luther „geistlich" nennt, leben vom Ende der Zeiten her, geformt durch das Christusgeschehen als eine Gabe. Es bezeichnet mit anderen Worten eine neue politische Ökonomie der Gabe, empfangen und verkörpert in erneuerten Subjekten, die versammelt sind in der Gemeinschaft, die wir Kirche nennen.

Luthers Konzept der drei Stände und der zwei Regimente: Leben zwischen den Zeiten

Doch Luther war sich dessen bewusst, dass diese Verwandlung des Subjekts in diesem Leben niemals abgeschlossen ist, und weiterhin, dass der radikale Ruf des Evangeliums eine begrenzte Reichweite hat. Die Evangelisierung (im Original „gospelling"[35]) der menschlichen Existenz durch die Ökonomie der Gabe stellt nicht die wirksamen Mittel zur Verfügung, um eine Welt zu regieren, die von Kräften durchzogen wird, die um Egos herum strukturiert sind. Das führt zu einer zweiten Strategie, die Luther in seiner Theologie von den „drei Stände" und den „zwei Regimenten" entwickelt hat, als Gottes eigener unbestimmter Aufschub der letzten apokalyptischen Vollendung. Diese Strategie schließt die erstere mit ein, stellt sie aber in die geschichtliche Spannung des Lebens zwischen Zeiten, in denen Gott die Bühne mit dem Dämonischen teilt. Das Dämonische kann nicht ohne Weiteres ausgemerzt werden, ohne Gottes eigene Schöpfung zu gefährden. Aber es kann indirekt eingeschränkt, begrenzt, und auch in seiner Energie geschwächt werden. Während die Ökonomie der Hauptsitz des Dämonischen ist, ist es die Politik, die sein Gift hemmen kann – oder

[35] Siehe Robert Bertram, A Time for Confessing, ed. Michael Hoy (Grand Rapids: Wm. B. Eerdmans, 2008), 138.

es einströmen lassen kann in die Venen der Gesellschaft! Das ist die „säkulare", antifragile, von Luther entwickelte Strategie, die einer Existenz zwischen den Zeiten angemessen ist.

Stellen wir zuerst einmal fest, wie dieses Leben zwischen den Zeiten, diese „reformerische" Strategie, angesichts des Kapitalismus funktioniert. Bekanntlich hat Luther die klassische mittelalterliche hierarchische und organische Unterscheidung zwischen *ecclesia* (Kirche), *politia* (öffentlicher Bereich), und *oeconomia* (Haushalt) in die Horizontale gewendet, indem er sie von den unterschiedlichen Kasten oder Klassen entkoppelte. Alle Menschen haben Teil an diesen Sphären und Institutionen. Vítor Westhelle hat aufgezeigt, wie Aristoteles' Kategorien der *poiesis* und *praxis* möglicherweise Luthers Vorstellungen von der Reichweite menschlichen Handelns in den Sphären von Wirtschaft und Politik beeinflusst haben. Während *poiesis* eine Aktivität bezeichnet, deren Ergebnis die Produktion von etwas ist, bezieht sich *praxis* auf eine intersubjektive Wirkung, die nicht notwendigerweise ein „materielles" Ergebnis zeitigt.

Die Wirtschaft ist der Bereich der Kräfte, die bestrebt sind, die Mittel zum Erhalt und zur Reproduktion des Lebens bereitzustellen. Das Politische andererseits umfasst die Sphäre der intersubjektiven Beziehungen der Produktion, die „sich selbst konstituiert als erklärende narrative und öffentliche Kommunikation" – das Medium menschlichen kommunikativen Handelns, ethischer Erwägungen und der Rechtsvorschriften.[36] Während *poiesis* (Wirtschaft) direkt mit den Bedingungen zu tun hat, die den Erhalt und die Reproduktion menschlichen Lebens ermöglichen, ist *praxis* (Politik) unmittelbar mit den virtuellen/symbolischen Bedingungen befasst, die den Austausch zwischen Menschen regulieren. Beides sind Machtbereiche, aber sie funktionieren unterschiedlich. Die Kirche jedoch unterscheidet sich von den zwei anderen Sphären dadurch, dass hier die Menschen nichts produzieren und keine Aktivität der Selbstrepräsentation stattfindet. Hier ist unsere Seinsweise keine des Agierens, sondern des Re-Agierens[37], nämlich unsere Antwort auf Gottes Hinwendung zu uns, die sowohl virtuell (Wort) als auch materiell (Sakramente) ist.

Die Realität von Missbrauch (d.h. Sünde) verleiht den drei Stände ein deutliches institutionelles Format, errichtet wirkungsvolle Barrieren gegen a) die Herrschaft einer Sphäre über die andere; b) die missbräuchliche Herrschaft innerhalb jeder Sphäre; und c) die willkürliche Umwandlung eines vorherrschenden Gutes in ein anderes. Der gemeinsame Nenner dieser drei Fälle ist „Fragilität". Luthers Konzept bezieht sich also auf die Wirklichkeit

[36] Vítor Westhelle, The Church Event: Call and Challenge of a Church Protestant (Minneapolis: Fortress Press, 2010), 33.
[37] A.a.O., 40.

und die Auswirkungen der Sünde in einer Weise, die es einer Gesellschaft ermöglicht, der Versuchung messianischer und totalitärer Abenteuer zu widerstehen, die fast sicher zu gewaltsamen Eingriffen führen würden in dem Bestreben, die Spuren der Fragilität des Lebens zu vernichten.

Zweitens kann unsere Perspektive auf das pluralistische Umfeld, in dem wir heute leben, das beeinträchtigt wird durch die jede andere Sphäre bedrohende Alleinherrschaft des Kapitals, aus Luthers Unterscheidung zwischen dem „Spirituellen" und dem „Säkularen" Nutzen ziehen. Da der Kapitalismus als dämonische Religion anzusehen ist, können wir die Kirche als eine begreifen, die sich in einem perspektivischen, spirituell-semiotischen Kampf befindet, dessen Ursache ein anderer „Gesichtspunkt" ist. Es ist der Kampf zwischen dem Glauben an den Gott Israels und dem Glauben an den Mammon, zwischen Glauben und Unglauben. Mit anderen Worten, es ist der Kampf um die Erzeugung von „Bildern der Subjektivität", die stets verbunden ist mit der „Nachbarschaft von *poiesis* and *praxis*".[38]

Der gegenwärtige Kampf der Kirche besteht in der „Entmythologisierung" des Kapitalismus, denn sie wird zwangsläufig mit anderen „Technologien des Selbst" kollidieren, insbesondere mit denen, in deren Mittelpunkt die Selbstproduktion durch die Enteignung anderer Identitäten steht. Die einfache Verkündigung des Wortes an unsere „Herzen" hat immer eine Wirkung auf die Bereiche, die unsere Körper einnehmen. Das ist der politische und wirtschaftliche *munus* (Amt, Dienst) und *usus* (Gebrauch, Ausübung, Praxis) des Evangeliums. Somit kann von keiner Kirche heute gesagt werden, dass sie das Evangelium predigt, ohne die Probleme des abgöttischen Glaubens des Kapitalismus anzusprechen. Dies ist ein „spiritueller" Kampf mit politischen und wirtschaftlichen Auswirkungen, denn er entwirft die Grundlagen von Schuld und die Struktur des Austausches neu. Es ist die Ankündigung einer Gabe und damit das Bekenntnis, dass wir nicht an den Markt glauben; wir glauben anders, an Christus. Das ist das neue „atheistische" Gesicht des Christentums, das einen Raum schafft, in dem es uns erlaubt ist, uns nicht „zu vergnügen" und nicht „glücklich" zu sein, wo wir nicht unsere „Potentiale" der Begierde erforschen müssen, insofern sie vom kapitalistischen Zeichensystem diktiert sind. Das ist Freiheit.

Zugleich erfolgt der Kampf und herrschen die Spannungen nicht außerhalb, sondern innerhalb der anderen Sphären, die unser Leben umfassen. Hier richtet sich der Kampf nicht direkt gegen den Kapitalismus an sich, sondern gegen seine Tyrannei, die auf dem Konzept des endlosen Profits beruht. Folglich ist das Problem nicht der Markt an sich oder der Stellenwert des Geldes in ihm – das Problem zeigt sich, wenn die Kriterien der Verteilung innerhalb des Marktes (d.h. Geld im Austausch für Güter und

[38] A.a.O., 41ff.

Dienstleistungen) zu Kriterien werden, die in allen Bereichen herrschen. Somit liegt der Schwerpunkt weder auf der Wirtschaft noch auf der Kirche, sondern auf der öffentlichen Sphäre, dem Bereich der Commons und Regierung (*politia*). Luther sah in der Regierung das Mittel, um die Wirkungen von Sünde und Bösem in der Gesellschaft einzudämmen (weder die *oeconomia* noch die *ecclesia* besitzen die direkten Mittel dazu). Sicherlich verfügen die politische Sphäre und ihre Institutionen nicht über die Mittel um „gute" Menschen zu produzieren – nur das Evangelium kann das.[39] Und sie verfügt auch nicht über die Mittel zur Produktion und Reproduktion von Leben. Aber sie hat die Mittel, gesellschaftliche Wohlfahrt herbeizuführen.

Während der letzten Jahrzehnte waren wir Zeuge einer Erosion sowohl der Legitimität des Staates, von politischen Parteien und demokratisch gewählten Vertretern und Vertreterinnen, als auch der aktiven Beteiligung (demokratischer) Regierungen an der Etablierung von Regeln, Institutionen und sonstigen Instrumenten der neoliberalen Globalisierung. Vor dem Hintergrund des Vorbildes von Luthers Theologie der zwei Regimente und der drei Stände wird es offensichtlich, wie wichtig die Rolle des Staates und wie entscheidend eine „Wiederverzauberung" der politischen Sphäre heute ist. Allein Politik im weitesten Sinne kann Kontrollmechanismen der anarchischen Marktkräfte bereitstellen. Mit anderen Worten, nur *praxis* kann die institutionelle Sphäre schaffen, in der *poiesis* die Rolle der Erhaltung und Reproduktion wiedererlangen kann. Schließlich entstand nach Luther Politik erst dann, als die Wirtschaft durch Sünde beeinträchtigt worden war.[40] Aber welche Politik, welcher Staat? Die Geschichte zeigt, dass der Staat und die politischen Parteien leicht Gefangene wirtschaftlicher Interessen werden können, wenn eine demokratische Kultur des Erörterns ethischer Fragen, der gesellschaftlichen Kontrolle und des Protestes schwach ist. Die durch solche Erörterungen und Mobilisierungen gebildete Öffentlichkeit muss ihre moralischen Werte und Visionen diskutieren und als Grundlage für eine politische Lösung dienen, um die Triebkräfte einer mächtigen sozialen und wirtschaftlichen Minderheit durch eine Herrschaft demokratischer Repräsentation einzudämmen.

Unterdessen ist eine aktive Sozialpolitik, die sich mit der Einkommensverteilung, mit Eigentum und Reichtum durch eine Neugestaltung der Kriterien und Prozesse finanzieller Abgaben auseinandersetzt, eines der Merkmale einer Reformagenda. Vermögen und Reichtum müssen auf die Bereiche Gesundheit, Bildung und Kultur umverteilt werden – die

[39] Vgl. Gustaf Wingren, Creation and Law (Philadelphia: Muhlenberg Press, 1961), 164.
[40] Siehe Vítor Westhelle, „Power and Politics in Luther's Theology", in: Christine Helmer (ed.), The Global Luther: A Theologian for Modern Times (Minneapolis: Fortress Press, 2009), 295.

Umwelt nicht zu vergessen. Aber jede Reformstrategie muss die Kernfrage angehen: die Regulierung der Schaffung und Verteilung von Geld, die den finanziellen Imperialismus befeuert.

Weggabelungen: Leben am Ende der (einer) Zeit

Das Obige war einfach eine Beschreibung einer antifragilen Strategie, wie ich sie impliziert sehe in Luthers Verständnis der drei Stände als ein unbestimmter Aufschub des letzten apokalyptischen Geschehens. Es ist eine Strategie des Lebens „zwischen den Zeiten", inmitten spannungsvoller Verhältnisse. Doch Leben zwischen den Zeiten bedeutet auch, dass das Ende eines historischen Zyklus schließlich einmal erreicht wird. Deshalb ist es eine Herausforderung, wie Christen und Christinnen sich für Reformen engagieren können, selbst wenn sie eine revolutionäre Instandsetzung „erwarten" (*apekdechomai*, vgl. Gal 5,5; 1. Kor 1,7; Röm 8,19)[41], die den *kairos* erfasst, der im apokalyptischen Sein Gottes – und von Christen und Christinnen – eingeschrieben ist. Das ist eine dritte Strategie, in der Christen und Christinnen bereit sind, ein unvorhergesehenes Ereignis in der Geschichte in Partnerschaft mit anderen aufzugreifen. Im Rahmen dieser Strategie werden sozio-politische Reformen durchgeführt in Vorbereitung auf und in Erwartung eines Ereignisses, dass weder vorhergesehen, noch in allen Einzelheiten vorhergesagt werden kann. Die Praktiken der Gleichheit, gerechten Besteuerung, Vermögensumverteilung, Freiheit, Nachhaltigkeit, freien Zugangs zu Gemeingütern (Commons) etc. bilden das Gerüst, mit dessen Hilfe sich im Falle eines radikalen geschichtlichen Bruchs eine „Neuordnung" der globalen Gesellschaft entwickeln kann. Die Zentrierung von Subjektivitäten auf die Apokalypse Gottes (Christi) treibt eine reformerische Taktik im Hier und Jetzt an, hält aber auch offen für ein – auch sehnlichst erwartetes – revolutionäres Ereignis in der nahen Zukunft.

Die Chaostheorie kann uns hierbei eine sehr wichtige „apokalytische" Lehre erteilen, nämlich dass menschliche Gesellschaften, wie alle lebenden Systeme, offene Systeme sind, die sich an verschiedenen Punkten Weggabelungen gegenübersehen. Alles weist in der Tat darauf hin, dass wir uns einem solchen geschichtlichen Punkt nähern. Die chronischen Krisen, deren Zeugen wir sind, legen es nahe, dass die grundlegenden strukturellen Probleme nicht innerhalb der Parameter des Systems gelöst werden können. Nur indem man sich außerhalb und jenseits des geschichtlichen Systems begibt, können die Krisen auch nur geringfügig gelöst werden. Am genauen Punkt der Weggabelung dominiert das Chaos, was bedeutet, „dass

[41] Siehe James Dunn, The Theology of Paul the Apostle (Grand Rapids: Wm. B. Eerdmans, 1998), 311.

jede kleine Handlung während dieser Periode wahrscheinlich bedeutende Folgen haben wird“[42]. Es ist eine Zeit, in der kleine Wellen zu nicht aufzuhaltenden großen Wellen werden, in der kleine Gesten riesige Folgen haben können. Deshalb ist unser Engagement für eine „reformerische“ Praxis – ein Bündel zeitweiser Maßnahmen – nicht nur wichtig, weil diese einen Raum zum Verschnaufen schafft für diejenigen, die unter den Schlägen des Marktes ersticken, sondern noch wichtiger, weil sie richtungsweisende Vorbilder bereitstellt an der Schwelle einer bevorstehenden Veränderung. Wir haben die Möglichkeit zu einem Handeln und Denken, das bereits das Hereinbrechen des Neuen verkörpert.[43]

Und abschließend: Die Kirche Jesu Christi ist das „Laboratorium“ des Geistes, d.h. sie ist der Ort, wo neue perspektivische Standpunkte und neue Subjektivitäten geformt werden, bereit neue Wege einzuschlagen. Und hier, mehr denn je, ist die von Luther angestoßene Umkehrung, nämlich die Ersetzung einer Wirtschaft von austauschbaren Zeichen durch eine Wirtschaft der Gabe, der Kern dessen, was das Evangelium verkündet und verkörpert: die Rechtfertigung der Verschuldeten allein aus Gnade.[44] Daher ist jede Versammlung, an die das Wort gerichtet wird, jedes Vaterunser, jede Teilnahme an der Eucharistie, im Innersten eine antikapitalistische Praxis – ungeachtet der besonderen ideologischen Einstellung der Versammelten. Mit Bezug auf CA VII: Dass das Evangelium rein gepredigt und die Sakramente laut dem Evangelium gereicht werden, gewinnt seine eigene rechte Gestalt vor dem Hintergrund eines falschen Evangeliums und eines unrechten Umgangs mit den Gaben Gottes. Das ist der Geist Christi, der in unserem sich niederlässt und seine eigene *oeconomia* schafft durch die Gestaltung eines neuen Leibes (vgl. 1. Kor 12). Wahrhaftig, das Wort bewirkt, was es sagt.[45]

---

[42] Immanuel Wallerstein, World-Systems Analysis: An Introduction (Durham: Duke University Press, 2004), 77.

[43] Siehe Franz Hinkelammert, Cultura de la esperanza y sociedad sin exclusión (San José, Costa Rica: DEI, 1995), 311.

[44] Vgl. den Umgang einer afrikanisch-amerikanischen Kirche, der Mt. Carmel Baptist Church in Norfolk, VA, mit Schulden, dokumentiert in dem Film von Danny Schlechter, In Debt we Trust (Altacliff Films, 2006), unter http://www.youtube.com/watch?v=TVr813HkEjM.

[45] Siehe Bayer, a.a.O. (s. Anm. 5), 47f.

Das Vaterunser als wirtschaftliche Erneuerung

Gerald O. West

Einleitung

Christliche Liturgien neigen dazu, die wirtschaftliche Elemente des Gebetes, das Jesus seinen Jüngern lehrt, zu domestizieren – das Gebet, das wir Vaterunser nennen. Weil unsere Kirchen sich entschieden haben, der Version von Lukas zu folgen, haben wir das wirtschaftliche „Argument" des Gebetes, so wie es bei Matthäus steht, vernachlässigt. Ich schlage vor, dass Sie sich, bevor Sie weiterlesen, für einen Augenblick die Version des Vaterunsers, die Sie in der Kirche beten, ins Gedächtnis rufen.

Nun die Version bei Matthäus:

> Darum sollt ihr so beten: Unser Vater im Himmel! Dein Name werde geheiligt. Dein Reich komme. Dein Wille geschehe wie im Himmel so auf Erden. Unser tägliches Brot gib uns heute. Und erlass uns unsere Schulden, wie auch wir sie unseren Schuldnern erlassen haben. Und führe uns nicht in Versuchung, sondern erlöse uns von dem Bösen. (Mt 6,9–13)

Die Version, die Matthäus erinnert und in diesen Zeilen aufgezeichnet hat, ist eine frühe Version, die auf die Zeit Jesu und der frühen Kirche zurückgeht.[1] Es gibt eine Reihe bibelwissenschaftlicher Untersuchungen

---

[1] Siehe auch folgende informativen Beiträge: Tommy Wasserman, „Manuscripts of the Lord's Prayer," SBL, unter http://www.bibleodyssey.org/en/passages/related-articles/manuscripts-of-the-lords-prayer.aspx; C. Clifton Black, „The Lord's Prayer (Matt 6:9-13/Luke 11:2-4)", SBL, unter http://www.bibleodyssey.org/passages/main-articles/lords-prayer.aspx.

zu verschiedenen Aspekten der beiden Versionen, auch über frühe nordafrikanische Sichtweisen.[2] Der Schwerpunkt in diesem Aufsatz liegt aber auf der wirtschaftlichen „Gestalt" des Gebetes.[3]

In Matthäus' Version geht es ganz offensichtlich um „wirtschaftliche Sachverhalte"[4]. Das Vaterunser ist eingebettet in den umfassenderen Diskurs der Erneuerung des Bundes, den wir als die „Bergpredigt" kennen, in der „Jesus eine Lehre des neuen Bundes im Blick auf die sozio-ökonomische Interaktion kleiner Gemeinschaften verkündet [...] und strenge Gerechtigkeit in sozio-ökonomischen Beziehungen fordert."[5] Das Vaterunser nimmt in einer gerafften Form viele der Forderungen der Bergpredigt auf und lässt so diejenigen, die Jesus nachfolgen, eine Verpflichtung zu den wirtschaftlichen Dimensionen von Gottes „neuem" Bund sprechen.

Die wirtschaftlichen Elemente sind gleich deutlich zu erkennen. Da ist die Rede vom „täglichen Brot", ein ungewöhnlicher Ausdruck, denn das Adjektiv „täglich" wird sonst nirgendwo in der griechischen Literatur benutzt. Die Übersetzung könnte auch lauten „Brot für heute" oder „Brot für den folgenden Tag" oder „Brot für die Zukunft" oder „das für das Leben notwendige Brot".[6] Mit jeder dieser Übersetzungen wird gesagt, dass für viele, die dieses Gebet sprechen, ein Bedarf nach Brot vorhanden ist, für jeden Tag, Tag auf Tag.

Es gibt auch eine Erwähnung von „Schulden", eine Erwähnung, die mit dem Wort „Schuldner" wiederholt wird. Diese Wiederholung, in einem so kurzen Gebet, unterstreicht die Bedeutung. Schulden waren, wie wir noch sehen werden, ein bestimmendes Merkmal des Wirtschaftssystems der Antike.

Wirtschaftliche Sachverhalte scheinen also in dem Gebet von zentraler Bedeutung zu sein. Was, wenn das ganze Gebet eine Art wirtschaftliches Manifest ist?

---

[2] Michael Joseph Brown, The Lord's Prayer through North African Eyes: A Window into Early Christianity (New York and London: T&T Clark, 2004).

[3] Lukas' Version des Gebetes enthält ebenfalls eine starke wirtschaftliche Ausrichtung, aber der Bezug auf „Sünde" statt auf „Schulden" lenkt unsere Aufmerksamkeit von der wirtschaftlichen Dimension ab.

[4] Für einen allgemeinen Überblick über die Wirtschaft zur Zeit Jesu siehe David A. Fiensy, Christian Origins and the Ancient Economy (Cambridge: Lutterworth Press, 2014).

[5] Richard A. Horsley, Covenant Economics: A Biblical Vision of Justice for All (Louisville: Westminster John Knox Press, 2009), 153–154.

[6] Black (s. Anm. 1).

Einen Doppelpunkt einfügen

Ein Doppelpunkt wird oft benutzt, um eine Erklärung zu signalisieren oder eine Aufzählung einzuleiten. Wir haben keinen Hinweis auf eine ursprüngliche Zeichensetzung des Vaterunsers, sodass jede Bibelübersetzung entscheiden muss, wie sie die Zeichensetzung des Gebetes handhabt. Ein Doppelpunkt wird nach dem ersten Satz eingefügt: „Darum sollt ihr so beten", um anzuzeigen, dass nun das von Jesus seinen Jüngern gelehrte Gebet folgt. Aber was, wenn wir einen weiteren Doppelpunkt an das Ende von Vers 10 setzen?

> 9Darum sollt ihr so beten: Unser Vater im Himmel! Dein Name werde geheiligt. 10Dein
> Reich komme. Dein Wille geschehe wie im Himmel so auf Erden: 11Unser tägliches
> Brot gib uns heute. 12Und erlass uns unsere Schulden, wie auch wir sie unseren
> Schuldnern erlassen haben. 13Und führe uns nicht in Versuchung, sondern erlöse
> uns von dem Bösen.

Wenn wir den Doppelpunkt an das Ende von Vers 10 setzen, können wir die Verse 11–13 als die Erklärung oder Aufzählung dessen verstehen, was Jesus mit „Dein Reich komme" meint. Aber um die radikale wirtschaftliche Dimension meines Vorschlags zu verstehen, müssen wir zunächst einmal den Vers 10 für sich betrachten.

Die meisten Christen und Christinnen glauben nicht an den Vers 10. Wir glauben nicht, dass Jesus uns wirklich auffordert zu beten, dass das Reich Gottes „auf Erden" komme. Die meisten von uns sind von Formen der christlichen Theologie beeinflusst, die diese Welt verkleinern und das Augenmerk auf die kommende, die himmlische Welt richten. Aber Jesus weist diese Theologie zurück und macht deutlich, dass seine Jünger um das Kommen des Reiches Gottes beten sollen, dafür dass Gottes Wille „auf Erden" getan werde. Der Himmel wird erwähnt, aber nur, weil er ein Modell bietet für das, was kommen und „auf Erden" getan werden soll. Die Erde ist der Bestimmungsort von Gottes Reich.

Wenn wir den Vers 10 ernst nehmen, erfordert dies einen grundsätzlichen Wechsel unserer christlichen Theologie, insbesondere in ihren „evangelikalen" Formen.[7] Unser Fokus sollte nach diesem Gebet „auf Erden" gerichtet sein, wobei das „im Himmel" das Vorbild, nicht das Ziel liefert.

---

[7] Mein Hinweis auf die „evangelikale" Theologie schließt die älteren Formen des pentekostalen und charismatischen Christentums mit ein. Die neueren Formen des pentekostalen und charismatischen Christentums sind „weltlicher", aber auf eine problematische Weise, denn sie betonen das Individuum und nicht die Gemeinschaft oder die sozialen Systeme; siehe z.B. Paul Gifford, Ghana's New Christianity:

Aber was ist dieses Modell, auf das sich der Ausdruck „wie im Himmel“ bezieht? Wenn wir einen Doppelpunkt an das Ende dieses Satzes setzen, d.h. an das Ende von Vers 10, bekommen wir eine Zusammenfassung dessen, was Jesus mit dem Ausdruck „wie im Himmel“ antizipiert und was er beinhaltet. Die Verse 11 bis 13 zeigen die „Gestalt“ von Gottes wirtschaftlicher Hoffnung für diese Welt:

> Unser tägliches Brot gib uns heute. Und erlass uns unsere Schulden, wie auch wir sie unseren Schuldnern erlassen haben. Und führe uns nicht in Versuchung, sondern erlöse uns von dem Bösen.

Ich benutze den Begriff „Gestalt“ nicht zufällig. Im Kampf gegen die Apartheid in Südafrika war uns die Gestalt des Evangeliums wichtig.[8] Das Evangelium, so argumentierten wir, hat eine bestimmte Gestalt, es ist die „gute Nachricht für die Armen“. Als Jesus zu den in der Synagoge seiner Heimatstadt Nazareth Anwesenden sprach, zitierte er das Gesetz und die Propheten und verwies auf die Schrift, um die Gestalt seines Dienstes zu kennzeichnen: „Der Geist des Herrn ist auf mir, weil er mich gesalbt hat und gesandt, damit ich den Armen eine gute Nachricht bringe“ (Lk 4,18). Wieder würde ich vorschlagen, einen Doppelpunkt zu setzten, und zwar nach diesem Vers, sodass die Verse 18b bis 19 dann eine Aufzählung von Beispielen für die besondere Gestalt dessen sind, was es bedeutet „den Armen eine gute Nachricht zu bringen“. Es bedeutet, dass Jesus gesandt wurde, „zu predigen den Gefangenen, dass sie frei sein sollen, und den Blinden, dass sie sehen sollen, und die Zerschlagenen zu entlassen in die Freiheit und zu verkündigen das Gnadenjahr des Herrn“ (Lk 4,18b–19). Der Inhalt des Evangeliums mag je nach Kontext variieren, aber die Grundgestalt des Evangeliums bleibt; das Evangelium muss seiner Gestalt nach die „gute Nachricht für die Armen“ sein. Was immer wir verkünden, wenn es nicht die gute Nachricht für die Armen ist, ist es nicht das Evangelium.

Meiner Auffassung nach hat das Vaterunser eine ausgeprägt wirtschaftsbezogene Gestalt, und diese Gestalt findet sich in den Versen 11–13. Aber bevor wir uns diesen offenkundig wirtschaftsbezogenen Sätzen zuwenden, ist es wichtig zu erkennen, dass die einleitenden Sätze ebenso radikal sind und den Rahmen für das Nachfolgende bilden.

Pentecostalism in a Globalizing African Economy (Bloomington & Indianapolis: Indiana University Press, 2004).

[8] Albert Nolan, God in South Africa: The Challenge of the Gospel (Cape Town: David Philip, 1988).

Ein anderes Reich Gottes

Ich habe bereits darauf hingewiesen, dass die einleitenden Worte des Vaterunsers klarstellen, dass der Fokus „unzweifelhaft“[9] auf das Kommen des Reiches Gottes „auf Erden“ gerichtet ist. Die Heiligung von Gottes Namen, die dieser irdischen Ausrichtung voransteht, hat ebenfalls eine irdische Zielrichtung.

> In der Überlieferung Israels ... „heiligt“ Gott Gottes Namen, indem Gott die Menschen, von der Herrschaft fremder Reiche befreit und sie anspornt, die Satzungen und Verordnungen des Bundes zu befolgen, und indem er sicherstellt, dass sie ausreichende Nahrung haben (Ez 36,22–23).[10]

Gottes Reich ist nicht wie die Reiche, die ihre Gebiete und ihre Zeit beherrschen. Im Unterschied zu diesen basiert Gottes „Reich“ nicht auf einer Wirtschaft der Gewinnentnahme, sondern der Umverteilung.

In der Bergpredigt als Ganzer und im Vaterunser im Besonderen liegt die Betonung auf dem (Wieder)Aufbau von Gottes Gemeinschaft, wobei die Sprache des „Reiches“ verwendet wird, um die sozio-ökonomischen Ziele von Gottes Projekt auf Erden zu bezeichnen.[11] Beim Vaterunser geht es sowohl „um Gottes neue Tat der Befreiung als auch um die Intensivierung von gemeinschaftlichen Anstrengungen zur Zusammenarbeit und gegenseitigen Hilfe“.[12]

> Die Bitten um das tägliche Brot und die Erlassung von Schulden im Vaterunser sind beides, auf den Bund bezogen und wirtschaftlicher Natur (Lk 11,2–4; Mt 6,9–13). Die Erlassung von Schulden alle sieben Jahre war eine der grundlegenden Mechanismen des Bundes, um den Menschen ein Leben auf ihrem angestammten Land zu ermöglichen [...]. All den Geboten und Einrichtungen des Bundes lag die Absicht zugrunde, den Menschen zu ermöglichen, ausreichend Nahrung zu haben, Tag für Tag, Jahr für Jahr [...].[13]

---

[9] Horsley (s. Anm. 5), 150.

[10] A.a.O., 155.

[11] Joerg Rieger, Christ and Empire: From Paul to Postcolonial Times (Minneapolis: Fortress Press, 2007).

[12] Horsley, (s. Anm. 5), 112.

[13] A.a.O., 99.

Brot für heute

Das Vaterunser spricht von der Notwendigkeit des täglichen Brotes, eine Notwendigkeit, die für viele der wirtschaftlich Ausgegrenzten im ersten Jahrhundert lebenswichtig war. Jesus sieht, dass viele derjenigen, die ihm folgen oder ihm zuhören, das tägliche Brot notwendig brauchen. Darum sieht er sich verpflichtet, sie nicht nur zu lehren, sondern sie auch mit Nahrung zu versorgen. Als die Jünger Jesus bitten, die Menge zu zerstreuen: „Da nun der Tag fast vergangen war, traten seine Jünger zu ihm und sprachen: Die Stätte ist einsam, und der Tag ist fast vergangen; lass sie gehen, damit sie in die Höfe und Dörfer ringsum gehen und sich etwas zu essen kaufen" (Mk 6,35–36), lehnt Jesus diesen Vorschlag ab: „Er aber antwortete und sprach zu ihnen: Gebt ihr ihnen zu essen!" (Mk 6,37).

So ist es kein Zufall, dass „Brot" ein so häufig vorkommendes Bild in den Lehren und dem Wirken Jesu ist. Wirkliches Brot wird von wirklichen Menschen gebraucht, jeden Tag. Und Jesus weiß, dass nicht viele derjenigen, die von seinem Vorhaben der Wiederherstellung der Gemeinschaft[14] angezogen werden, die wirtschaftlichen Mittel für ihr tägliches Brot haben.

Das erste Gestaltmerkmal des wirtschaftlichen Manifestes Jesu ist die Feststellung, dass es Menschen gibt, die nicht jeden Tag genug haben. Damit das Reich Gottes auf die Erde kommen kann, so wie im Himmel, muss es jeden Tag Brot für alle geben. Aber Jesus hört hier nicht auf; Wohltätigkeit ist nicht genug. Die wirtschaftlichen Systeme, die verursachen, dass Menschen ihr tägliches Brot nicht haben, müssen in den Blick genommen werden.

Schuldenerlass

Das zweite Gestaltmerkmal des wirtschaftlichen Manifestes Jesu ist auf die systematischen Dimensionen der Armut ausgerichtet. Die Menschen sind arm aufgrund von ungerechten und ausbeuterischen Systemen. Das ist die Analyse Jesu, denn Verschuldung ist der zentrale Mechanismus

[14] Hinsichtlich der Ausrichtung des Wirkens Jesu auf die Erneuerung oder Wiederherstellung von Gemeinschaft siehe etwa: Richard A. Horsley, „The Kingdom of God and the Renewal of Israel" in: Norman K. Gottwald/Richard A. Horsley (eds.), The Bible and Liberation: Political and Social Hermeneutics (Maryknoll, NY: Orbis, 1993), 408–427; Richard A. Horsley, „Moral Economy and Renewal Movement in Q", in: Richard A. Horsley (ed.), Oral Performance, Popular Tradition, and Hidden Transcript in Q, Semeia Studies (Atlanta: Society of Biblical Literature, 2006), 143–157; Horsley (s. Anm. 5).

der Armut in seiner Zeit. Tatsächlich sind Schulden ein zentraler Mechanismus der antiken Wirtschaft.[15] Die Reichen sind reich, weil die Armen arm sind. Es besteht eine kausale, systemimmanente Beziehung zwischen Reichtum und Armut.[16] Und Schulden sind vielleicht das wichtigste Element in diesem System.

Die wirtschaftliche Logik von Schulden wird in einem der wichtigsten biblischen Texte zu wirtschaftlichen Fragen deutlich, 1 Samuel 8,11–17.[17] Der Hintergrund dieses Textes ist das wachsende Begehren der Ältesten im alten Israel, ihr Volk solle wie die anderen Völker sein. Ihrer Ansicht nach war das herrschende dezentralisierte Wirtschafts- und Regierungssystem korrupt geworden (1 Sam 8,3), und so forderten sie: „ein König soll über uns sein, dass wir auch seien wie alle Völker, dass uns unser König richte und vor uns her ausziehe und unsere Kriege führe!" (1 Sam 8,19–20). Obwohl das wirtschaftliche System von in Stämmen organisierten Dörfern jeder Familie und jedem Stamm Zugang zu und Besitz von eigenem Land und seinen Erträgen gewährte, hatte das System der auf Stämmen basierenden Gemeinschaften mit Stammesrichtern kein zentrales Königtum mit einer entsprechenden Rechtsordnung und einem zentralisierten Militär. Die mächtigen, Israel umgebenden Stadt- und Tempelstaaten, wie etwa diejenigen von Ägypten, Assyrien und der Pentapolis, hatten alle zentralisierte monarchische wirtschaftliche Systeme, die das zentralisierte rechtliche und militärische System stützten. Die Ältesten vergaßen, dass solche Systeme ihre Vorfahren einst versklavt hatten und sehnten sich danach, wie jene Staaten zu sein.

Sowohl Samuel, der Richter, als auch Jahweh, der Gott, der das Geschrei der Sklaven in Ägypten gehört hat (Ex 3,7), waren bestürzt über diese Bitte, und Jahweh fordert Samuel auf: „Doch warne sie und verkünde ihnen das Recht des Königs, der über sie herrschen wird" (1 Sam 8,9). Samuel folgt dem und sagt:

> Das wird des Königs Recht sein, der über euch herrschen wird: Eure Söhne wird er nehmen für seinen Wagen und seine Gespanne, und dass sie vor seinem Wagen herlaufen, und zu Hauptleuten über Tausend und über Fünfzig, und dass sie ihm

---

[15] Roland Boer, „The Sacred Economy of Ancient 'Israel'", in: Scandinavian Journal of the Old Testament: An International Journal of Nordic Theology 21, no. 1 (2007), 29–48; Gerald O. West, „Tracking an Ancient near Eastern Economic System: The Tributary Mode of Production and the Temple-Stat", in: Old Testament Essays 24, no. 2 (2011), 511–532.

[16] Gunther Wittenberg, Resistance Theology in the Old Testament: Collected Essays (Pietermaritzburg: Cluster Publications, 2007), 74–75.

[17] West, (s. Anm. 15), 514–515.

> seinen Acker bearbeiten und seine Ernte einsammeln und dass sie seine Kriegswaffen machen und was zu seinen Wagen gehört. Eure Töchter aber wird er nehmen, dass sie Salben bereiten, kochen und backen. Eure besten Äcker und Weinberge und Ölgärten wird er nehmen und seinen Großen geben. Dazu von euren Kornfeldern und Weinbergen wird er den Zehnten nehmen und seinen Kämmerern und Großen geben. Und eure Knechte und Mägde und eure besten Rinder und eure Esel wird er nehmen und in seinen Dienst stellen. Von euren Herden wird er den Zehnten nehmen, und ihr müsst seine Knechte sein (1 Sam 8,11–17).

Die wirtschaftliche Logik ist klar. Ein königlicher Stadt-Tempel-Staat benötigt die Ressourcen der Dörfer, um ein zentralisiertes rechtliches und militärisches System zu errichten und zu erhalten. Der König wird „nehmen". Was nicht ausdrücklich erwähnt wird, weil es den vorausgesetzten Hörern und Hörerinnen dieser Worte bewusst war, ist, dass der Mechanismus, der das Nehmen des Königs und das Zu-Knechten-Werden der Menschen verbindet, Schulden sind.

Weil sie dem König Abgaben/Steuern im Austausch für Regierung und militärischen Schutz zahlen mussten, waren die einfachen Dorfbewohner und Dorfbewohnerinnen im alten Israel verschiedentlich gezwungen, etwas zu leihen. Zu den Abgaben/Steuern, die der königliche Stadt-Tempel-Staat erhob, gehörten menschlicher Arbeitseinsatz, Land, Vieh und Produkte. Die Kombination von Tributverpflichtungen mit reduzierter Arbeitskraft und reduziertem Landbesitz zwangen die Familien und Stämme, Darlehen aufzunehmen, um zu überleben. Wenn sie die Darlehen nicht zurückzahlen konnten, mussten sie weiteres Land als Sicherheit dreingeben. Die wachsende Verschuldung führte zu einem gnadenlosen Prozess des Landverlustes, der Landwirtschaft auf Basis von Pachtverträgen, zum Tagelöhnerdasein und schließlich zur Schuldsklaverei.[18] Letztere war nach einer gewissen Zeit das Endresultat des Systems – der Zwang aufgrund von Verschuldung sich selbst zu verkaufen, um zu überleben.

David und Salomo führten ein wirtschaftliches Abgabensystem ein, in dem die Dörfer Abgaben liefern mussten im Austausch für eine zentrale Regierungstätigkeit und militärischen Schutz durch den Stadtstaat. Die Auswirkungen der Erhebung von Abgaben durch Salomo, insbesondere von den nordisraelischen Stämmen, waren eine massive Schuldsklaverei.[19] Als Salomo starb und sich die Menschen in Schuldsklaverei an Salomos Sohn Rehabeam wandten und um einen Aufschub baten, antwortete dieser: „Mein Vater hat euer Joch schwer gemacht, ich aber will's euch noch

---

[18] Dieser Prozess wird anschaulich in Genesis 47,13–21 beschrieben, wo Josef eine Form der Schuldsklaverei einführt.
[19] West (s. Anm. 15), 516–520.

schwerer machen. Mein Vater hat euch mit Peitschen gezüchtigt, ich aber will euch mit Skorpionen züchtigen" (1 Kön 12,14). Die Ältesten Israels gaben Rehabeam den Rat, die Bitten der ausgebeuteten Arbeiter zu erhören (1 Kön 12,6-7), in Erinnerung vielleicht an ihre eigene Geschichte der Ausbeutung. Aber Rehabeam verwarf ihren Rat und hielt sich an den Rat der „Jüngeren" (1 Kön 8-11), seine Gefährten aus der städtischen Elite, die ihren Luxus nicht aufgeben wollten, den die Zwangsarbeit der nördlichen Stämme ihnen ermöglichte. Aber die nördlichen Stämme Israels hatten genug und rebellierten gegen Rehabeam und das Haus David und Salomo. Und dies führte zu einem endgültigen Bruch zwischen den nördlichen Stämmen und dem südlichen Stamm von Juda.

Das von David eingeführte und von Salomo befestigte tributäre Wirtschaftssystem war unterdrückend geworden. Und der Hauptmechanismus der Unterdrückung war Verschuldung. Das war kein Zufall. Verschuldung war der Hauptmechanismus in einem System des Reichtums für wenige und Armut für viele.

Das tributäre Wirtschaftssystem herrschte im ganzen alten Nahen Osten und dauerte bis zur Zeit Jesu an. Reich nach Reich - ob ägyptisch, davidisch, assyrisch, babylonisch, persisch, hellenistisch oder römisch - benutzte dasselbe System und gründete seine Herrschaft auf der Schuldsklaverei. Zur Zeit Jesu gab es in Palästina eine Unzahl von Pächtern, Tagelöhnern und Schuldsklaven. Es ist also nicht überraschend, dass sich viele der Lehren Jesu mit dieser Wirklichkeit befassen. Das Gleichnis von den Tagesarbeitern, die für ein paar Stunden jeden Tag arbeiten, ist ein gutes Beispiel (Mt 20,1-16), obwohl der Zusammenhang bei Matthäus die wirtschaftliche Bedeutung des Gleichnisses in den Hintergrund rückt.[20]

Ein anderes gutes Beispiel ist die arme Witwe in Markus 12,41-44.[21] Jesus und seine Jünger beobachten, wie sie ihren letzten Heller in den Gotteskasten legt. Was wir nicht vergessen dürfen und deutlich aus Vers 40 desselben Kapitels hervorgeht, ist, dass Jesus seine Jünger und die ihm zuhörende Menge vor den Schriftgelehrten gewarnt hatte, die die „Häuser der Witwen" „fressen". Der Tempel in Jerusalem war ein Teil des tributären Wirtschaftssystems, in dem Darlehen vergeben wurden und Land eingezogen wurde, wenn die Darlehen nicht zurückgezahlt werden konnten. Und

---

[20] William R. Herzog, Parables as Subversive Speech: Jesus as Pedagogue of the Oppressed (Louisville: Westminster/John Knox, 1994), 79-97; Gerald O. West/ Sithembiso Zwane, „'Why Are You Sitting There?' Reading Matthew 20:1-16 in the Context of Casual Workers in Pietermaritzburg, South Africa", in: Nicole Duran Wilkinson and James Grimshaw (eds.), Matthew: Texts @ Contexts (Minneapolis: Fortress Press, 2013).

[21] West (s. Anm. 15), 528-529.

das System wurde teilweise von den Schriftgelehrten verwaltet. Durch Schulden oder eine andere ähnliche Form der wirtschaftlichen Ausbeutung war das Eigentum der Witwe „aufgefressen" worden. Jetzt hat sie nur noch wenig, und doch gibt sie demselben System etwas, dass sie ausgebeutet hat. Worauf Jesus hinweist, ist das, was er schon früher gesagt hat: „Steht nicht geschrieben ‚Mein Haus wird ein Bethaus heißen für alle Völker'? Ihr aber habt eine Räuberhöhle daraus gemacht" (Mk 11,17).

Jesus versteht den Schaden, der von der Schuldsklaverei angerichtet wird[22], und lehrt, umgeben von den Opfern des Systems, seine Jünger, darum zu beten, dass den Verschuldeten ihre Schulden erlassen werden: „Und erlass uns unsere Schulden, wie auch wir sie unseren Schuldnern erlassen haben". Indem er den zweiten Teil des Satzes anfügt, macht Jesus deutlich, dass seine Jünger die Initiative übernehmen sollen, um ihren Schuldigern die Schulden zu erlassen. Sie können nicht erwarten, dass ihre Schulden erlassen werden, wenn sie nicht willens sind, ihren Schuldnern das Gleiche zu gewähren. In der Tat

> verweist die Heiligung von Gottes Namen direkt auf die gegenseitige Vergebung, die in der Bitte „erlass uns unsere Schulden, wie auch wir hiermit die unserer Schuldner erlassen" ausgesprochen wird. Die Ermahnung andern zu vergeben, die dem Ende des Gebetes angefügt ist (6,14–15), macht unmissverständlich klar, dass die besondere Betonung des Gebetes im Rahmen der Bundesrede von Matthäus 5–7 auf der Annullierung von Schulden liegt.[23]

Jesus durchbricht hier den Kreislauf der Verschuldung und bricht damit auch das Rückgrat eines Wirtschaftssystems, das wenige reich macht, indem es viele versklavt. Der Erlass von Schulden ermöglicht es den Dorfbewohnern, ihr Land zu behalten und ihr tägliches Brot zu erwirtschaften. Indem der Kreislauf der Verschuldung durchbrochen wird, wird die Würde und die Handlungs- und Leistungsfähigkeit der gewöhnlichen Dorffamilien wiederhergestellt. Kein Wunder, dass die frühe Jesusgemeinschaft „sich rasch in den ländlichen Gebieten Galiläas" ausbreitete und „im Leben der bäuerlichen Produzenten Fuß fasste, deren Religion untrennbar mit ihrer Sorge um Schulden und das tägliche Brot verbunden war".[24]

---

[22] Douglas E. Oakman, Jesus, Debt, and the Lord's Prayer: First-Century Debt and Jesus' Intentions (Eugene: Cascade, 2014).

[23] Horsley (s. Anm. 5), 155.

[24] A.a.O., 112.

Die Versuchungen des Systems

Der letzte Satz des Vaterunsers enthält eine Warnung: „Und führe uns nicht in Versuchung, sondern erlöse uns von dem Bösen."[25] Der Widerstand gegen ausbeuterische Wirtschaftssysteme ist schwierig, weil es diejenigen gibt, die von ihm profitieren. Darum leisteten so wenige weiße Südafrikaner und Südafrikanerinnen Widerstand gegen das rassistische Wirtschaftssystem der Apartheid. Weiße Südafrikaner und Südafrikanerinnen profitierten von der Apartheid. Darum sind es so wenige in der sogenannten entwickelten Welt, die Widerstand leisten gegen den globalisierten Kapitalismus. Viele in der entwickelten Welt profitieren davon.

Jesus versteht, wie einfach es ist, von unterdrückenden Wirtschaftssystemen vereinnahmt zu werden, und warnt seine Jünger und Jüngerinnen, sich nicht von ungerechten Wirtschaftssystemen verführen zu lassen. Stattdessen besteht er darauf, dass wir sie als das erkennen, was sie sind – sie sind böse: „Und führe uns nicht in Versuchung, sondern erlöse uns von Bösem."

Schlussbemerkungen

Als die Kirche sich mehr und mehr von den Lebensverhältnissen der frühen Jesusbewegung und ihrem Engagement für gesellschaftliche Veränderungen entfernte, verlor die Botschaft des Vaterunsers allmählich ihren radikalen wirtschaftlichen Charakter. „Schulden" wurden zu einer Metapher für „Sünde". Das Vaterunser bezog sich nun mehr auf das Individuum als auf die Gemeinschaft, auf das Spirituelle anstatt auf das Soziale.

Aber die Lehre Jesu kann nicht völlig vereinnahmt werden, und so blieb das subversive Gedächtnis an eine wirtschaftliche Botschaft für immer in der Version von Matthäus erhalten. Wenn wir offen sind für ein Überdenken der wirtschaftlichen Botschaft der Bibel, kommen wir nicht umhin, uns konfrontiert zu sehen mit Gott, der die Schreie der Sklavinnen und Sklaven ernst nimmt und sie zum bevorzugten Volk Gottes macht. Wir sind notwendigerweise dann mit den Propheten konfrontiert, die die Wahrheit sagen über die Macht des Königtums. Wir sind notwendigerweise

[25] Die Bibelübersetzung der New Revised Standard Version übersetzt mit „dem Bösen", ein Zeichen dafür, dass diese Übersetzung unfähig ist, die auf das Systemische verweisende Dimension des Vaterunsers zu erkennen. Sie optiert für eine personenbezogene Bezeichnung („dem Bösen"). Entsprechendes gilt für deutsche Übersetzungen.

konfrontiert mit Christus, der kommt, um die gute Nachricht den Armen zu bringen, und uns lehrt wie folgt zu beten:

> Darum sollt ihr so beten: Unser Vater im Himmel! Dein Name werde geheiligt. Dein Reich komme. Dein Wille geschehe wie im Himmel so auf Erden. Unser tägliches Brot gib uns heute. Und erlass uns unsere Schulden, wie auch wir sie unseren Schuldnern erlassen haben. Und führe uns nicht in Versuchung, sondern erlöse uns von dem Bösen.

Das Gebet dieser Version des Vaterunsers ist eine fortwährende liturgische Erinnerung an die wirtschaftliche Gestalt des Evangeliums. Das Gebet dieser Version des Vaterunsers ist ein fortwährender Aufruf zur sozio-ökonomischen Veränderung unserer globalisierten Welt.

„Ihr könnt nicht Gott dienen und dem Mammon“

Petri Merenlahti

In seiner Bergpredigt verkündet Jesus laut und deutlich:

> Niemand kann zwei Herren dienen: Entweder er wird den einen hassen und den andern lieben, oder er wird an dem einen hängen und den andern verachten. Ihr könnt nicht Gott dienen und dem Mammon (Mt 6,24).

Was meinte Jesus genau damit? Was sollten seine Worte heute bedeuten und was bedeuten sie heute angesichts der Tatsache, dass heutzutage Christen und Christinnen ein Patchwork von verschieden Menschen bilden, die in verschiedenen Kontexten und in unterschiedlichen Verhältnissen leben? Was bedeutet es hier und heute, nicht dem Mammon zu dienen, sondern dem lebendigen Gott?

Was für ein Ökonom war Jesus?

Jesu predigte radikale wirtschaftliche Freiheit, aber nicht im klassischen liberalen Sinn. Er predigte nicht die Freiheit, sich alles zu greifen, was man möchte und es zu seinem Eigentum zu machen. Vielmehr predigte er Freiheit von Besorgnis und Mangel, Freiheit der Nutznießung von gegenseitiger Fürsorge, Freiheit, nicht beherrscht zu werden von Gier, Angst, Einsamkeit oder Armut, sondern ein Leben in Fülle zu führen.

Im Unterschied zu Johannes dem Täufer war Jesus kein strenger Asket, sondern eher ein fröhlicher Konsument – sodass manche sogar Anstoß nahmen (vgl. Mt 11,18–19). Es ist nicht Essen und Trinken oder eine fröhliche Gesellschaft, sondern die Selbstsucht, die aufgegeben werden soll. Alle sollten gleichen Zugang zu den guten Dingen des Lebens haben.

Darum sagt Jesus, dass wir uns vom Mammon befreien müssen wie auch von den falschen Prioritäten, der falschen Sicherheit und der wirtschaftlichen Unterdrückung, die das sklavische Angebundensein an den Mammon mit sich bringt. Wir können die Gier nicht zu unserer Lebensgrundlage machen, weil individuelle Gier andere arm macht und zur Einsamkeit führt. Wir können nicht Sicherheit auf Angst gründen, weil keine Mauer hoch genug ist, um vor dem Argwohn und der Bitterkeit zu schützen, den die Mauern unter den Menschen hervorrufen. Und wir können keine menschlichen Werte schaffen, indem wir unsere Mitmenschen übervorteilen, denn das wäre ein Vergehen, nicht nur gegen deren Menschenwürde, sondern auch gegen unsere eigene.

Darum müssen wir uns nicht nur von der sklavischen Abhängigkeit von der Gier befreien, sondern auch vom Machthunger, damit wir nicht andere ausbeuten und sie für unseren persönlichen Gewinn benutzen. Es gibt keine legitime Autorität außer im Hinblick auf das Gemeinwohl. Gott schuf keine Menschheit von Herren und Sklaven, sondern eine Menschheit von Kindern Gottes – die alle gleich und von gleichem Wert sind. Deshalb ist es die einzige Aufgabe jeder rechtmäßigen Autorität, der allgemeinen Menschheit zu dienen, weshalb wer immer der Erste sein will, zuerst der Letzte und der Knecht aller sein muss, so wie Jesus nicht kam, dass er sich dienen lasse, sondern dass er diene (vgl. Mk 10,44–45). Zum Dienen, und nur dafür, ist die Macht da.

Darüber hinaus müssen wir uns von Angst und Sorge befreien und von dem falschen Glauben, dass wir Mammon und Macht brauchen, um sicher zu sein. Denn Jesus sagte seinen Jüngern:

> Darum sage ich euch: Sorgt euch nicht um das Leben, was ihr essen sollt, auch nicht um den Leib, was ihr anziehen sollt. Denn das Leben ist mehr als die Nahrung und der Leib mehr als die Kleidung. [...] Trachtet vielmehr nach seinem [Gottes] Reich, so wird euch dies zufallen. [...] Verkauft, was ihr habt, und gebt Almosen. Macht euch Geldbeutel, die nicht altern, einen Schatz, der niemals abnimmt, im Himmel, wo sich kein Dieb naht, und den keine Motten fressen. Denn wo euer Schatz ist, da wird auch euer Herz sein (Lk 12,22–23, 31, 33–34).

„Da wird auch euer Herz sein." Das ist der Schlüssel zu Jesu Wirtschaftstheorie. Es ist eine Ökonomie des Herzens. Denn während unsere Körper Nahrung und Behausung brauchen, sind die Dinge, von denen wir wirklichen Nutzen haben in unserem Gott gegebenen Leben: die Menschen, die wir lieben; die Werte, die wir schätzen; und die Grundsätze, an denen wir festhalten. Geld kann davon nichts kaufen, nichts davon sollte für Geld zu haben sein. Was immer wir deshalb mit Geld in unseren Gesellschaften anfangen: Wir sollten sicherstellen, dass Geld den Menschen dient und nicht umgekehrt. Mit anderen Worten, wir sollten dem Geld keinen Zugang zu unseren Herzen gewähren. Unsere Herzen gehören jemandem anderen.

„Macht euch Geldbeutel, die nicht altern.“ Der wahre Nutzen, den wir Menschen aus dem Geschäft des Lebens ziehen können, liegt in den Gelegenheiten, die wir haben, an der Zirkulation der Liebe, der Gerechtigkeit und von Gottes Gnade teilzuhaben – in das sollten die Menschen ihr Geld, ihre Zeit und ihr ganzes Sein investieren. Nach Jesaja sind wir zu Folgendem aufgerufen: „Lass los, die du mit Unrecht gebunden hast, lass ledig, auf die du das Joch gelegt hast! Gib frei, die du bedrückst, reiß jedes Joch weg! [...] Brich dem Hungrigen dein Brot, und die im Elend ohne Obdach sind, führe ins Haus! Wenn du einen nackt siehst, so kleide ihn, und entzieh dich nicht deinem Fleisch und Blut!“ (Jes 58,6–7). Das sollten die Aktien sein, die wir in unseren Portfolios haben, denn sie werden Frucht bringen, etliches hundertfach, etliches sechzigfach, etliches dreißigfach (Mt 13,8). Das sind die geschäftlichen Chancen, die wir nicht verpassen sollten – denn was würde es uns nützen, wenn wir die ganze Welt gewönnen und nähmen doch Schaden an unserer Seele? (vgl. Mt 16,26).

In der Tat, wir sollten hingehen und von den gerissenen Managern unserer Zeit lernen und jede Gelegenheit ergreifen, um unsere Bestände an Glaube, Liebe, Hoffnung zu vermarkten (vgl. Lk 16,1–13). „Umsonst habt ihr's empfangen, umsonst gebt es auch“, sagt Jesus (Mt 10,8). „Wer dich bittet, dem gib; und wer dir das Deine nimmt, von dem fordere es nicht zurück. Und wie ihr wollt, dass euch die Leute tun sollen, so tut ihnen auch“ (Lk 6,30–31).

Das ist kein individuelles Wohltätigkeitsprogramm, sondern die Grundlage einer ganz neuen Gemeinschaft mit einer völlig neuen Wirtschaftsordnung – dem Leib Christi.

Was für eine Ökonomie ist der Leib Christi?

Die Anhänger und Anhängerinnen Christi bildeten eine Bewegung, die von uns erfordert, dass wir unsere Prioritäten richtig setzen: um Gottes und unserer Mitmenschen willen müssen unsere Werte, Beziehungen und die Zukunft den Vorrang vor Gier, Zynismus und Angst haben. Handelt entsprechend und ihr werdet Leben in Fülle haben. Handelt so und ihr werdet nicht allein sein. Selbst Gottes Geist wird kommen, euch zu helfen.

Diejenigen, die das beherzigten, bildeten eine radikale spirituelle Gemeinschaft, eine gemeinsame Wirtschaft des gegenseitigen Teilens. Lukas beschreibt es in der Apostelgeschichte: „Alle aber, die gläubig geworden waren, waren beieinander und hatten alle Dinge gemeinsam. Sie verkauften Güter und Habe und teilten sie aus unter alle, je nachdem es einer nötig hatte“ (Apg 2,44–45).

Die apostolische Gemeinschaft war eine Wohlfahrtswirtschaft, die durch ein Gefühl der Zusammengehörigkeit vereint war. Dies wurde von dem neuen, dynamischen, internationalen Manager der Gemeinschaft, St. Paulus von Tarsus, aufgegriffen, der das Bild der Kirche als Leib Christi einführte. Als ein Leib waren die Gewinne und Verluste der Kirche notwendigerweise kollektiv: „Und wenn ein Glied leidet, so leiden alle Glieder mit, und wenn ein Glied geehrt wird, so freuen sich alle Glieder mit“ (1. Kor 12,26).

Daher ist im Leib Christi Gott wahrhaftig inkarniert im Gemeingut des Volkes Gottes, und das macht die inklusive Fürsorge nicht nur zu einer moralischen, sondern zu einer religiösen Verpflichtung. St. Jakobus schreibt:

> Wenn ein Bruder oder eine Schwester nackt ist und Mangel hat an täglicher Nahrung und jemand unter euch spricht zu ihnen: Geht hin in Frieden, wärmt euch und sättigt euch!, ihr gebt ihnen aber nicht, was der Leib nötig hat – was hilft ihnen das? So ist auch der Glaube, wenn er nicht Werke hat, tot in sich selber (Jak 2,15–17).

Ebenso St. Johannes: „Wenn aber jemand dieser Welt Güter hat und sieht seinen Bruder darben und verschließt sein Herz vor ihm, wie bleibt dann die Liebe Gottes in ihm?“ (1. Joh 3,17).

Als eine Wohlfahrtswirtschaft ist der Leib Christi eine Wirtschaft von Gleichen. Es mag in der Welt üblich sein, den Noblen und Reichen und Mächtigen besonderen Respekt zu erweisen, Gott aber sieht die Menschen anders. Gott schuf sie alle, Gott liebt sie alle, Gott heißt alle Willkommen. Darum ist es so, wie St. Paulus sagt: „Hier ist nicht Jude noch Grieche, hier ist nicht Sklave noch Freier, hier ist nicht Mann noch Frau; denn ihr seid allesamt einer in Christus Jesus“ (Gal 3,28).

Der Leib Christi ist eine globale Wohlfahrtswirtschaft, die auf gleicher Teilhabe basiert: Alle sind eingeschlossen. Gott hört die Schreie aller Leidenden, und darum muss der Leib Christi, die Gemeinschaft, in der Gott Fleisch wurde, die Schreie aller Leidenden hören. Darum braucht jede kirchliche Einrichtung eine Ordnung, die sicherstellt, dass all ihre Glieder gehört und ihre Bedürfnisse bedacht werden. Darüber hinaus braucht jede Kirche, Gemeinde und jedes Amt ein starkes ausführendes Organ, um humanitäre Hilfe zu leisten und für soziale Gerechtigkeit einzutreten.

Die Liebe Gottes ist universal, und die Liebe des Leibes des inkarnierten Christus muss es ebenso sein. Das schließt die Witwen und Waisen ein – die Schutzlosesten in unseren Gesellschaften. Es schließt die Fremden ein – diejenigen, an die wir nicht gleich denken, wenn wir „wir“ sagen, und die deshalb dauernd Gefahr laufen, diskriminiert zu werden. Es schließt sogar die Feinde ein – diejenigen, von denen wir denken, dass sie uns nichts Gutes wünschen, und die deshalb die Allerschutzlosesten sind, wenn es einmal dahin kommt, dass sie unserer Gnade ausgeliefert sind. Sie sind alle Kinder Gottes, und wir müssen sie entsprechend behandeln. Denn wie Jesus sagte: „[Gott] lässt seine Sonne aufgehen über Böse und Gute und lässt regnen über Gerechte und Ungerechte“ (Mt 5,45).

Das ist ein wahrhaft radikales spirituelles, soziales und wirtschaftliches Programm, wenn es denn je eines gab. Man könnte es sogar als revolutionär bezeichnen. Es muss jedoch in der Welt auf eine friedliche Weise verwirklicht werden. Christen und Christinnen sollen die Herrschaft Gottes nicht mit Gewalt allen anderen aufzwingen, sondern durch das Beispiel wirken. In der Zwischenzeit werden sie handeln, wie Paulus seinen Mitchristen und Mitchristinnen in Rom nahelegt: „So gebt nun jedem, was ihr schuldig seid: Steuer, dem die Steuer gebührt; Zoll, dem der Zoll gebührt; Furcht, dem die Furcht gebührt; Ehre, dem die Ehre gebührt“ (Röm 13,7).

Zwar ist sie freiwillig, doch ist auch entscheidend für eine christliche Wirtschaftsordnung, dass sie systemisch ist und eine langfristige Perspektive bietet. Gerechtigkeit ist der Schlüssel für das allgemeine Wohl jeder Gemeinschaft, und der bestmögliche Schutz, auf den die Schutzbedürftigen hoffen können, ist die allgemeine Achtung der Menschenrechte. Schließlich können wir alle einmal in eine schutzbedürftige Lage geraten. Schutzbedürftigkeit ist eines der wenigen Dinge, die wirklich universell menschlich sind. Wir alle werden verletzt; wir alle machen Fehler; wir alle werden krank; wir alle müssen sterben. Es sind also nicht nur die Anderen, abstrakt und fern von uns, wie etwa die gesegneten Armen in den Slums und Flüchtlingslagern, die Schutz und die Möglichkeit zu einem würdevollen Leben brauchen. Sie brauchen das, weil wir das alle brauchen, jeden Tag. Wir sind alle eins. In Christus.

Was für eine Wirtschaft ist der Leib Christi? Er ist kurz gesagt eine Wirtschaft der Gastfreundschaft, die bestrebt ist, Gier, Angst und Zynismus durch universelle Fürsorge, universelle Rechte und universelle Teilhabe zu ersetzen. Es ist eine Wirtschaft, die auf Wundern basiert und zu Wundern fähig ist. Es eine Wirtschaft, die die Kranken heilt und den Kindern Weisheit lehrt. Es ist eine Wirtschaft der Fülle des Lebens für alle Menschen und die gesamte Schöpfung. Es ist eine Wirtschaft, in der spirituelle, soziale und wirtschaftliche Wohlfahrt zusammenfließen und eins werden.

Ist es eine mögliche Wirtschaft? Ist sie heutzutage möglich? Ist sie da möglich, von wo wir herkommen, du und ich? Was wäre erforderlich, um sie wachsen zu lassen? Das ist, glaube ich, die Frage, die Gott uns heute stellt.

Warum bete ich mit Ungeduld? Rechtfertigung und Gerechtigkeit: Der Schrei des Landes und der Menschen

Nancy Cardoso

> Er sagte ihnen aber ein Gleichnis davon, dass man allezeit beten und nicht nachlassen sollte, und sprach: Es war ein Richter in einer Stadt, der fürchtete sich nicht vor Gott und scheute sich vor keinem Menschen. Es war aber eine Witwe in derselben Stadt, die kam immer wieder zu ihm und sprach: Schaffe mir Recht gegen meinen Widersacher! Und er wollte lange nicht. Danach aber dachte er bei sich selbst: Wenn ich mich schon vor Gott nicht fürchte noch vor keinem Menschen scheue, will ich doch dieser Witwe, weil sie mir so viel Mühe macht, Recht schaffen, damit sie nicht zuletzt komme und mir ins Gesicht schlage. Da sprach der Herr: Hört, was der ungerechte Richter sagt! Sollte Gott nicht auch Recht schaffen seinen Auserwählten, die zu ihm Tag und Nacht rufen, und sollte er bei ihnen lange warten? Ich sage euch: Er wird ihnen Recht schaffen in Kürze. Doch wenn der Menschensohn kommen wird, wird er dann Glauben finden auf Erden? (Lk 18,1–8)

Führe Sie sich die Frau in Lukas 18 vor Augen. Sie ist auf dem Weg zum Richter. Sie ist eine Witwe und er ein mächtiger Mann, eine Autorität. Er ist ein Richter. Er anerkennt nichts und niemanden im Himmel oben und hier unten auf der Erde, unter den Menschen.

Stellen Sie sich ihre schwitzenden Hände und zitternden Knie vor. Demütig: vielleicht, entschlossen: sicher. Er, der Richter, ist stolz, er hat keine Zeit für jemanden, der weint und jammert. Er glaubt, die Kontrolle über das System zu haben. Aber er hat sie nicht. Sie hat die Würde der Armen, der Machtlosen, der Schwachen – das ist ihre Stärke.

Sie ist hartnäckig und entschlossen zu kämpfen, während sie auf ihrem Weg ist zu einem gleichgültigen Richter. Sie hat nichts, aber jeder Schritt auf dem Weg ist eine Erfahrung des Lernens und der Selbststärkung.

Er wird nein sagen. Er wird ihr nicht zuhören. Er wird sich abwenden. Er wird sie demütigen mit seinem Schweigen, seiner Aggressivität und seiner Strategie, Lösungen hinauszuschieben, die Menschen in Not mittels des Gesetzes helfen könnten. Aber sie wird hartnäckig bleiben. Sie wird weitermachen, weiterschreiten von ihrer eigenen Nicht-Existenz zur Selbstbejahung ihres Lebens und ihrer Würde. Schauen Sie sie an. Schauen Sie auf die Tausenden von Frauen ohne Zugang zu sauberem Wasser und erschwinglicher und angemessener medizinischer Versorgung. Wurde ihre Mutter so behandelt? Wurde sie mit Verachtung gestraft und gedemütigt? Kennen Sie Menschen, die jeden Tag gegen ungerechte Verhältnisse ankämpfen müssen – das Fehlen grundlegender Dinge, Nahrung, Bildung und medizinische Versorgung? Der Klassenkampf geht jeden Tag weiter und neue Formen der Ausgrenzung, des Rassismus und Sexismus entstehen.

Heute und morgen, sie wird kommen. Sie organisiert sich mit anderen; sie ist eine Vielzahl, sie ist eine Bewegung. Sie hat nichts – aber sie hat alles zu teilen. Sie hat Hoffnung – die Hoffnung weiterzumachen.

In Lukas 18 lesen wir, dass sie so hartnäckig ist, dass sich der Richter vor ihr fürchtet. Und Jesus sagt, so sollt ihr beten!

Sie ist der Flüchtling auf einem Boot, das auf dem Meer treibt: Schauen Sie sie an! Sie ist die junge Palästinenserin, Minuten bevor sie an einem Kontrollpunkt in Hebron getötet wird: Schauen Sie sie an! Sie ist die verzweifelte Mutter eines jungen schwarzen Mannes, der von der Polizei in São Paulo getötet worden ist: Schauen Sie sie an! Sie ist die Bäuerin in einem afrikanischen Land, die vom Bergbau bedroht wird: Schauen Sie sie an! Sie ist die ausländische Arbeiterin, die den Boden sauber macht, auf dem Sie in den USA laufen: Schauen Sie sie an! Sie ist die feministische Bäuerin, die für Land und Brot kämpft: Schauen Sie sie an! Und sagen Sie ihnen nicht, wie sie leiden sollen, wie sie leben sollen, oder wie sie kämpfen sollen. Mit ihnen lernen wir zu beten.

Das Rad ist zerbrochen

„Der Radwechsel“

Ich sitze am Straßenhang.
Der Fahrer wechselt das Rad.
Ich bin nicht gern, wo ich herkomme.
Ich bin nicht gern, wo ich hinfahre.

Warum sehe ich den Radwechsel
Mit Ungeduld? (Bertolt Brecht)[1]

Nach Angaben der Map of Inequality besaßen 2013 die reichsten 10 Prozent des Planeten 68 Prozent des globalen Reichtums. Von diesen besaßen 0,7 Prozent 98,7 Billionen US-Dollar – der größte je gemessene Betrag.

Hegemonistische Machtstrukturen wie Kapitalismus, Militarismus, Rassismus und Patriarchat beeinflussen in großem Maße unser Leben auf dem Planeten Erde. Zwar versuchen die Medien oft, sie zu schützen und ihren Einfluss zu vertuschen, aber nichtsdestotrotz ist die Bedrohung real, sie betrifft Menschen und ganze Regionen, es betrifft Ungleichheit, systembedingte Gewalt und den Zugang zu Ressourcen nur für wenige. Andersdenkende und Widerstand Leistende werden kriminalisiert. Die ganze Menschheit ist betroffen von der Gier, der Geißel des Kapitalismus. Die globale Elite, diejenigen, die die Kontrolle und die Macht haben zu entscheiden und zu handeln, sind bestenfalls daran interessiert, die Auswirkungen zu milden, aber nicht daran, die Strukturen zu ändern. Sie wechseln das Rad, managen die von ihnen selbst verursachte Krise, um ihre Interessen zu schützen – die Akkumulation von Kapital – ohne Rücksicht auf die Folgen und darauf, wie viele Kriege sie führen müssen, um das zu erreichen.

Das Rad ist zerbrochen! Der Kapitalismus funktioniert nicht!

Das erbarmungslose Räderwerk des Kapitalismus zerstört lokale Ökonomien, überkommene Lebensweisen und demokratische Alternativen zu der gegenwärtigen Organisation des Lebens. Die immer wiederkehrenden Krisen dienen der Rechtfertigung von wirtschaftlichen Anpassungen, die den Kapitalismus retten sollen und unablässig Menschen, Länder, Gemeinschaften in eine auch die Zukunft bestimmende Verschuldung stürzen und zu Armut, Zerstörung und Erniedrigung führen.

Wir bitten euch aber:
Was nicht fremd ist, findet befremdlich!
Was gewöhnlich ist, findet unerklärlich!
Was da üblich ist, das soll euch erstaunen.
Was die Regel ist, das erkennt als Mißbrauch

[1] Bertolt Brecht, Die Gedichte (Insel Verlag: Frankfurt a.M./Leipzig, 2008), 394.

Und wo ihr den Mißbrauch erkannt habt
Da schafft Abhilfe![2]

Was braucht es, um die Welt anders zu sehen, das Leben in der Gemeinschaft alternativ zu denken und zu organisieren? Völlig eingetaucht in die „unwürdige" Logik des zerbrochenen Rades, das ständig wieder repariert wird, begrenzen wir uns selbst, indem wir versuchen, Fragmente des Lebens zu verteidigen. Alle unsere Gebete, unsere Suche nach Glück, werden zerschlagen durch das Leiden der Menschheit und der Welt.

Die Spiritualität wird geschwächt und die Religion selbst darauf reduziert, das Privatleben und den eigenen Besitz zu verteidigen, und die Erlösung wird mit Überlebensritualen aufgeschoben. Wir beten „und vergib uns unsere Schuld, wie auch wir vergeben unseren Schuldigern" und sind uns nicht bewusst, dass wir damit das Räderwerk des Kapitalismus und seine ewigen Schulden anprangern, und Vergebung als Schöpfung von Leben verkündigen – als Schaffung von Raum, in dem gemeinsame Machtbeziehungen und Gegenseitigkeit befreiende und schöpferische Instrumente bereitstellen für andere Wege des demütigen Gehens mit Gott in der Welt und ein würdiges Dasein als Menschen.

Der Fahrer wechselt das Rad

Wer wechselt das Rad? Derjenige, der fährt? Es ist der Besitzer des Wagens und des Rades, und er ist offensichtlich derjenige, der die Autorität hat, das gebrochene Rad auszuwechseln.

Im Verlauf der Geschichte sind die „Besitzer" und die „Fahrer" wiederholt aufgefordert worden, die Krise von Armut und Zerstörung zu lösen. Die „Fahrer" erkennen einander und stellen keine kritischen Fragen, was Rechtmäßigkeit, Demokratie und Gerechtigkeit angeht.

Regierungen, Politiker und Politikerinnen, Technologieunternehmen und IT-Unternehmen, Kirchen und kirchliche Einrichtungen sind aufgerufen, Vorreiter im Kampf gegen die Armut zu sein. Wie Albert Einstein sagte: „Eine neue Denkweise ist von wesentlicher Bedeutung, wenn die Menschheit überleben und auf eine höhere Ebene gelangen soll."[3]

Nach Angaben der Map of Inequality ist mindestens die Hälfte der Erdbevölkerung paralysiert, an den Rand gedrängt – den Rand der großen Diskussionsforen. „Wir sollten inklusiv sein ...", sagen die Kirchen und ihre Einrichtungen.

---

[2] Bertolt Brecht, Die Ausnahme und die Regel, in: ders.: Gesammelte Werke, Bd. 1 (Frankfurt a.M.: Suhrkamp), 822.

[3] In einem Interview mit Michael Amrine, veröffentlicht unter dem Titel „The Real Problem is in the Hearts of Men", New York Times Magazine (23. Juni 1946).

Die Dringlichkeit der Aufgabe, nämlich der Armut ein Ende zu bereiten und den Planeten zu schützen, kann nicht mit derselben Logik gelöst werden, die die Probleme fördert und aufrechterhält, und noch nicht einmal von denselben „Fahrern".

Würde sollte kein Ziel sein, sie sollte eine Art und Weise sein voranzuschreiten. Denjenigen zur Würde zu verhelfen, die marginalisiert wurden, schließt die radikale Sozialisation von Mechanismen der Anerkennung mit ein, dass es vielfältige und unterschiedliche Arten von „Wissen" gibt, die aktiv zu der Agenda selbst beitragen können, zu ihren Prioritäten und Zielen, und die nicht erst später einbezogen werden dürfen.

Wir müssen Partei ergreifen! Oder sind wir immer noch geduldig angesichts dieses zerbrochenen Rades? Akzeptieren wir immer noch die Führung der Regierungsvertreter und Regierungsvertreterinnen und Kapitalisten und Kapitalistinnen und bleiben am Straßenrand sitzen?

Die Würde der Welt und ihrer Lebewesen kann nur mit der Würde der Welt und ihrer Lebewesen verteidigt werden. Technische Neuerungen, Datenmanagement und staatliches Handeln müssen ein Teil des Einsatzes für Würde sein und nicht der Einsatz selbst. Um dieses Ziel zu erreichen, ist eine neue kollektive demokratische Kontrolle, was wir die Radikalisierung von Demokratie nennen, von entscheidender Bedeutung. Mit demselben Rad an demselben Wagen mit demselben Fahrer weiterzufahren, bedeutet fortzufahren, die Welt und ihre Lebewesen in die Barbarei zu ziehen und die Würde zu verleugnen.

„Führe uns nicht in Versuchung, sondern erlöse uns von dem Bösen" beten wir mit Überzeugung, aber wir lassen uns leicht von den Antworten der mächtigen Stimmen überzeugen und einbinden, die uns Objektivität, wissenschaftliche Erkenntnis und politische Effektivität versprechen.

Nein! Erlöse uns vom Bösen!

Luthers Lehre von der Rechtfertigung aus Gnade durch Glauben an Christus allein (Röm 5,1) ist eine legitime und befreiende Interpretation der Schrift, die im Kontext der Unterdrückungen der spätmittelalterlichen Frömmigkeit entstand, im Widerstand gegen die entstehende Zinswirtschaft. Vergebung der Sünden aus Gnade, Befreiung von der Macht des Teufels und die Verheißung des ewigen Lebens bedeutete in diesem Zusammenhang nicht nur spirituelle Freiheit, sondern auch Freiheit zur Versöhnung mit dem/der Nächsten und moralische Verantwortung ihm/ihr gegenüber.[4]

[4] Martin Luther, Von der Freiheit eines Christenmenschen (1520).

Bei Luther war die Rechtfertigung allein aus Gnade Ausdruck seines Verständnisses von Gleichheit, jedoch versäumte es die Reformation, dies hinsichtlich sozialer und wirtschaftlicher Verhältnisse zu konkretisieren. Das spätere Luthertum machte sogar aus gesellschaftlicher und wirtschaftlicher Ungleichheit eine hierarchische, gottgegebene Ordnung! Das gipfelte darin, dass die Autonomie des Marktes und/oder des Staates bestätigt wurde, obwohl diese von der Bibel und Luther ausdrücklich kritisiert wird.

Eine Spiritualität der Würde ist nötig für die vor uns liegende Aufgabe, nämlich die, herrschende Machtstrukturen in Frage zu stellen. Um die notwendigen radikalen Veränderungen zu bewerkstelligen, müssen wir den Organisationen des Volkes und den gesellschaftlichen Bewegungen zugestehen, dass sie die Fähigkeit und Legitimität besitzen, die Kontrolle über den Wagen zu übernehmen und die nötigen Veränderungen vorzunehmen.

Ich bin nicht gern, wo ich herkomme – ich bin nicht gern, wo ich hinfahre

Schauen Sie auf all das, was uns an diesen Punkt gebracht hat – die Erschöpfung des Planeten und die Erniedrigung menschlicher Erfahrung. Was ist das für ein Wohlstand/Fortschritt, der verstanden wird als die Entwicklung einer „starken, inklusiven und transformativen" Wirtschaft, die von Wachstum bestimmt ist? Wessen Wachstum?

Das Versprechen, dass uns eine starke Wirtschaft zu einem allseits geteilten Wohlstand führt, wird nie erfüllt, weil die Bedingungen für Stärke und Wachstum immer die Reproduktion des bestehenden Wirtschaftssystems an die erste Stelle setzen und die Zeit des miteinander Teilens niemals kommt. Die Verteidigung von „Stärke und Wachstum" rechtfertigt die Reduktion des „Reichtums der natürlichen Ressourcen" zu einem Handelsgut. Aber die Natur ist weder ein „Reichtum von Ressourcen" noch eine „wirtschaftliche Chance". Die Notwendigkeit des endlosen Wachstums des Kapitals manifestiert sich in der Ausbeutung der Arbeit und der Natur.

Der Ort, von dem wir herkommen, drängt uns an den Rand einer Zivilisationskrise. Ich bin nicht gern, wo ich herkomme, und ich bin nicht gern, wo ich hinfahre, d.h. da, wo die Mächtigen uns einfangen wollen, indem sie entweder versuchen uns zu überzeugen oder uns unterdrücken und zu bekriegen.

Wir wollen eine andere Welt! Verlangen Sie nicht, dass ich das akzeptiere, was Sie für „möglich" halten! Wofür soziale Bewegungen und organisierte Gemeinschaften kämpfen ist eine „andere Weise der Lebensgestaltung".

„Unser tägliches Brot gib uns heute" beten wir. Neue Wege, das Leben zu gestalten, stellen die gesamte Logik des Konsumdenkens, der Akkumulation und des Exzesses in Frage, die die Lebensweise in der vom Markt beherrschten, regulierten Gesellschaft bestimmen. Das „Brot“ ist „unser“, diese zwei Worte bedeuten Würde! Das „Brot“, das zugleich das Produkt menschlicher Arbeit und Gottes Schöpfung ist, ein Symbol unserer Beziehung zur Natur und zur Kultur – es ist unser! Kollektiv und plural. Und das „Brot ist unser“ „täglich“ und „heute“.

Und damit das „Brot” „unser” und ein „tägliches“ ist, sind wir aufgerufen, mit langsamerer Geschwindigkeit zu gehen, unsere Fußabdrücke in der Welt zu vermindern.

Das „täglich“ soll uns motivieren, Entwicklung rückgängig zu machen und die Welt zu erneuern (Ivan Illich). Kultivieren wir Samen einer Wachstumsrücknahme, von *Sumak Kawsay*, von *bien vivir*, nicht um negative Wachstumsraten zu erzeugen oder die Wissenschaft lahmzulegen, sondern um den Weg für Innovationen zu öffnen, für eine „Slow Science“: „Slow Science“ will weniger Hast und größere öffentliche Beteiligung bei Entscheidungen darüber, welche wissenschaftlichen Experimente weitergeführt werden sollten, durch ein größeres allgemeines Bewusstsein für ihre jeweiligen Risiken und Vorteile.

Warum sehe ich den Radwechsel mit Ungeduld?

Wenn wir auf dem Weg der „Würde“ sind, leben wir heute bereits so, wie wir morgen leben wollen. Der Kampf gegen die Armut geschieht mit der Teilnahme der Armen; Achtung des Planeten ist kein fernes Ziel, sondern wir achten ihn bereits heute, ohne Schritte und Vereinbarungen, die die Gegenwart im Blick auf die Bedingungen der Zukunft einschränken.

Wir müssen auf dem Grat einer sozialen und planetarischen Revolution balancieren, zwischen Geduld und Ungeduld. Um das Neue zu ermutigen, ist es notwendig zu erkennen, wo es bereits wächst, ihm einen Sinn zu geben jenseits instrumenteller Vernunft; Möglichkeiten zu schaffen zum Verständnis der neuen Erfordernisse, das nicht nur bestimmt wird durch die „Innovation des Neuen“, sondern auch durch die „Innovation des Alten“, d.h. den Wiederaufbau des „Wissens“ der Armen des Landes, die heute kleingemacht worden sind, und von neuem „Wissen“ des Landes selbst, des Planeten und seiner Grammatik.

Sumak Kawsay ist unser Erbe und ein Versprechen: unsere nie verlernten Worte. *Bien Vivir* als Verbindung zu der Vergangenheit der indigenen Völker. Wie wir leben wollen: Öko-Abhängigkeit, Öko-Sozialismus, Öko-Feminismus gehören hier zu unseren liebsten Begriffen. Diese und andere Worte, die wir sammeln, aufpolieren und unter uns austauschen als ein notwendiges Lernen und als eine Übung des Teilens von Macht. *Kawsaysumak, sumaqamaña, quilombos* oder „Land ohne Böses“ sind nicht nur Konzepte, sie sind Namen für den Kampf und die Utopie der indigenen

Völker Lateinamerikas, auf die man sich bezieht, die motivieren in den Kämpfen der Völker des Kontinents.

Die Spiritualität der Ungeduld und Geduld entwickelt die Fähigkeit zu kritisieren, sie dekonstruiert schnell und schafft allmählich Formen des Wiederaufbaus. Das Tempo des täglichen Lebens verschafft so die Balance, um zu organisieren, zu planen und unser Engagement zu verwirklichen; verbunden mit der Welt der Bedürfnisse und der Reproduktion wird dies zu einem wesentlichen Ansatz für den Umgang mit unserem gemeinsamen Haus: *oikos*!

Unser „gemeinsames Haus“, das ist Ausdruck der Spiritualität und des kollektiven Willens, das Gewirr des Kapitalismus und seines Räderwerks aufzulösen, Abwehrmechanismen zu schaffen und die Fähigkeit zu erwerben, den Planeten ohne den Druck des „Zeit für Profit“ leben zu lassen. Im Leben der Menschen auf und von dem Land bieten sich Alternativen und Möglichkeiten zur Ausübung des *bien vivir*, das bereits unter uns ist. Würde ist bereits unter uns!

Dies ist die Zeit für Würde, die sich auch ausdrückt in den Verpflichtungen derjenigen, die im Glauben an das Evangelium Jesu leben:

- Brandmarkt die historischen und aktuellen Beziehungen eines hegemonialen Christentums mit dem Kapitalismus.

- Fördert eine spirituelle und kulturelle Ablehnung des Kapitalismus als eine Voraussetzung dafür, dass das Christentum Teil eines Prozesses der Überwindung von Armut und des Eintretens für die Menschenwürde sein kann.

- Brandmarkt ein Christentum, das gefangen ist in den Interessen der globalen Elite durch gewährte Vergünstigungen, die die Akkumulation und Konzentration von Reichtum unterstützen und systematische Formen der Ausbeutung der menschlichen Arbeit und der Natur legitimieren.

- Verurteilt und brandmarkt alle Verehrung des Kapitals und die Pseudoreligion des Konsumismus.

- Verurteilt den Missbrauch des christlichen Glaubens und der Bibel zur Rechtfertigung von Kriegen und der Zerstörung anderer Religionen und Lebensweisen.

- Bekräftigt das Christentum als eine Religion neben anderen, als Gläubige neben Andersgläubigen, und ruft alle Christen und Christinnen auf, für Gerechtigkeit zu kämpfen, Barmherzigkeit zu lieben und demütig zu sein vor Gott (Mi 6,8).

Theologie und Leben in Fülle

„Was ist der Mensch, dass du seiner gedenkst?“: Mensch sein vor Gott und einander in Psalm 8, in der lutherischen Tradition und heute

Kenneth Mtata

Angefochtene Existenz

Als vollwertiger Mensch angesehen zu werden ist nicht selbstverständlich; es ist das Ergebnis von konkurrierenden, oft gegensätzlichen Ansichten über das, was einen Menschen konstituiert. In diesen Auseinandersetzungen spielen Macht und Interessen sowie Ideologien eine entscheidende Rolle, manchmal unterstützt von pseudo-wissenschaftlicher Forschung.

Solche gegensätzlichen Auffassungen über die menschliche Würde finden wir z.B. in der Zeit des Sklavenhandels. Einerseits brachte der Sklavenhandel wirtschaftliche Vorteile, andererseits belastete er das Gewissen mancher Personen, die von der Vision der Aufklärung von der Würde aller Menschen beeinflusst waren. Im Zentrum dieses Spannungsverhältnisses stand die ewige Frage: Wer „ist als Mensch anzusehen?“[1] Um ihr Gewissen zu beruhigen, sahen sich manche Sklavenbesitzer gezwungen zu „leugnen, dass afrikanische Sklaven Menschen waren“[2].

Die Entmenschlichung der europäischen Juden durch die Nazis machte es auch dem deutschen Normalbürger und der deutschen Normalbürgerin leichter, zu töten und sich am Holocaust zu beteiligen. Die Frage, was oder

[1] David Livingstone Smith, Less than Human: Why we Demean, Enslave, and Exterminate Others (New York: St Martin’s Press, 2011),1.
[2] A.a.O.

was nicht einen Menschen ausmacht, spielt sich nicht nur im Bewusstsein ab, sondern findet auch in der Sprache Ausdruck. Was einen Menschen ausmacht, hat viel mit Sprache und gedanklichen Bildern zu tun. Anders gesagt, Anthropologien des Lebens können von Anthropologien des Todes unterschieden werden durch Sprachspiele, wie es sich z.B. deutlich bei dem Genozid in Ruanda 1994 gezeigt hat. Schwelende Spannungen hatte es seit dem Hutu-Aufstand im Jahr 1959 gegeben. Was aber den Genozid entfachte, war die Beschreibung der Tutsi in dem Magazin *Kangura* (Erwacht!) als „widerwärtige Untermenschen". „Eine Kakerlake kann keinen Schmetterling gebären. So ist es. Eine Kakerlake kann nur eine weitere Kakerlake zur Welt bringen [...]". Diese Bezeichnung der Tutsi durch die staatliche Propaganda als *inyenzi* (Kakerlaken) raubte ihnen ihre Menschlichkeit, und so konnten sie ohne schlechtes Gewissen ausgerottet werden.[3] Es ist festgestellt worden, dass es

> inmitten des Genozids schwierig wird, rein innersprachliche Bewegungen in Bezug auf Identitätsbegriffe festzustellen, weil alles mit Aktivität aufgeladen wird, entweder um in das Spiel einzusteigen, oder um es mit nicht-diskursiven Handlungen zu beenden. „Es sind Kakerlaken in der Nyange-Kirche" klingt aus dem Radio kommend wie eine klare Feststellung, wie eine sprachliche Eröffnungsbewegung. Aber es wird diffus, sobald man die Umwege, die in den tatsächlichen Sprachspielen des Genozids wirksam sind, versteht, die daraus einen (nicht sehr) versteckten Befehl machen, die Menschen in der Kirche zu töten.[4]

Die Bezeichnungen, die man Menschen gibt, können unter bestimmten Umständen ihren Status vom Menschsein in den untermenschlicher Wesen verändern.

Das waren Beispiele für Entmenschlichung. Es gibt aber ebenso Beispiele für eine Humanisierung, wo Individuen oder Gruppen energisch mit wirkungsvollen Ideen und Aktionen und die Organisation von Institutionen dafür kämpften, dass andere ihre Menschlichkeit behielten. Aber wir haben auch die Erhöhung der menschlichen Größe bis hin zur Vergötterung gesehen.

Dieser Aufsatz unterscheidet drei hauptsächliche, mögliche Anthropologien, von denen zwei als schädlich angesehen werden. Für die erste wurden bereits Beispiele angeführt, hier werden Menschen ihrer Menschlichkeit beraubt durch die Art und Weise, wie sie a) in der Sprache

[3] Ibid., 152.

[4] Lynne Tirrell, „Studying Genocide: A Pragmatist Approach to Action-Engendering Discourse", in: Graham Hubbs/Douglas Lind, Pragmatism, Law, and Language (New York: Routledge, 2014),152–172, hier 165.

dargestellt werden, b) im täglichen Leben ihrer Privilegien beraubt werden, c) wie Gesellschaft, Institutionen oder Organisationen systematisch gegen sie eingestellt sind. Die zweite Anthropologie liegt vor, wenn einigen Personen eine übermenschliche Anerkennung zugeschrieben wird, die sie auf die Ebene von Halbgöttern erhebt. Die dritte, gesunde, ist diejenige, die erkennt, dass alle Menschen mit „Ehre und Herrlichkeit" (Ps 8,6) bedacht sind. Diese Sicht unterschätzt nicht die potenzielle Gebrechlichkeit und Verletzlichkeit aller Menschen, aus der die Notwendigkeit eines beständigen Kampfes für die Würde aller erwächst.

Die zentrale Bedeutung der Anthropologie für die Theologie und umgekehrt

Wenn die Anthropologie ein Wettstreit zwischen verschiedenen Auffassungen des Menschseins ist, mit Auswirkungen auf Leben und Tod, dann haben wir keine andere Wahl, als uns an diesem Kampf zu beteiligen. Die frühchristlichen Autoren beschreiben diesen Kampf: „Denn wir haben nicht mit Fleisch und Blut zu kämpfen, sondern mit Mächtigen (τὰς ἀρχάς) und Gewaltigen (τὰς ἐξουσίας), mit den Herren der Welt (τοὺς κοσμοκράτορας), die über diese Finsternis herrschen, mit den bösen Geistern (πνευματικὰ τῆς πονηρίας) unter dem Himmel" (Eph 6,12). Wenn Anthropologien destruktive und befreiende Wirkungen haben können, ist es von entscheidender Bedeutung, dass wir, wenn wir Theologie betreiben, Klarheit darüber gewinnen, was es bedeutet, Mensch zu sein, auch wenn wir wissen, dass wir uns dabei vielen Herausforderungen gegenübersehen.

Den ersten dieser Herausforderungen begegnen wir, wenn wir uns mit dem Wesen des Menschseins beschäftigen: Ist das Menschsein etwas Beständiges, nicht Veränderbares und Ewiges – etwas Wesenhaftes? Ist der Mensch nur ein Körper? Oder gibt es noch andere, nicht-materielle Aspekte des Menschseins? Wenn der menschliche Körper durch materielle Nahrung ernährt wird, welche Nahrung ernährt dann den nicht-materiellen Aspekt des Menschen?

Der zweite Fragenbereich ist erkenntnistheoretischer Natur. Was ist die richtige Quelle des Wissens über die Menschen? Erlangen wir Wissen über die Menschen durch objektive Untersuchungen ihrer körperlichen, psychologischen, soziologischen und sonstigen Verfasstheit? Oder lernen wir etwas darüber einfach durch subjektive und gelebte Erfahrungen? Sind diese gelebten Erfahrungen individuell oder angesammelt? Wie können wir etwas über die nicht-materielle Seite des Menschen wissen?

Beim dritten Fragenbereich geht es um Ethik: Sind Menschen an sich gut oder schlecht, oder lernen sie durch ihre Sozialisation gut oder böse zu sein? Warum sind Menschen, die in gleicher Weise sozialisiert worden sind, am Ende so unterschiedlich? Was ist gut oder schlecht, und warum sind in dieser Hinsicht die Menschen nicht immer einer Meinung? Wären die Menschen fähig, das Gute zu tun, wenn sie darüber einig wären, was es ist?

Beim vierten Fragenbereich geht es um Sinnfragen: Warum sind wir hier als Individuen und als Kollektive? Hat das Leben einen Zweck? Wie kann ein solches sinnvolles Leben verloren gehen oder gefördert werden? Wie kann der Sinn und der Zweck des Lebens für diejenigen wiederhergestellt werden, die ihn verloren haben?

Eine gesunde Anthropologie für unsere Zeit zeichnet sich aus durch ein ausgewogenes Verständnis der menschlichen Person in ihrer Ehre und Herrlichkeit einerseits und ihrer Verletzlichkeit und Gebrechlichkeit andererseits. Im Folgenden werde ich mich auf Psalm 8 und auf Luthers Schriften beziehen und abschließend auf die Implikationen einer solchen Anthropologie für die heutige Erneuerung der Kirche und der Gesellschaft hinweisen.

Der Mensch in Psalm 8

Der ganze Psalter ist ein Buch, das den Menschen als ein Wesen darstellt, das vor Gott und den anderen Geschöpfen sowohl verletzlich und gebrechlich als auch erhaben und voll der Ehre steht. Wie die Psalmen solch ein Verständnis des Selbst und Gottes vermitteln, wurde von Martin Luther sehr gut mit folgenden Worten eingefangen:

> Denn ein menschlich Herz ist wie ein Schiff auf einem wilden Meer, welches die Sturmwinde von den vier Orten der Welt treiben. Hier stößt her Freude und Sorge vor zukünftigem Unfall; dort fähret Grämen her und Traurigkeit von gegenwärtigem Übel. Hier weht Hoffnung und Vermessenheit von zukünftigem Glück; dort bläset her Sicherheit und Freude in gegenwärtigen Gütern. Solche Sturmwinde aber lehren mit Ernst reden und das Herz öffnen und den Grund herausschütten. [...] Was ist aber das meiste im Psalter anders als solch ernstlich Reden in allerlei solchen Sturmwinden? Wo findet man feinere Wort von Freuden, als die Lobpsalmen oder Dankpsalmen haben? Da siehest du allen Heiligen ins Herz wie in schöne lustige Gärten [...] Wiederum, wo findest du tiefere, kläglichere, jämmerlichere Worte von Traurigkeit als die Klagepsalmen haben? Da siehest du abermals allen Heiligen ins Herz wie in den Tod, ja wie in die Hölle. [...] Also auch, wo sie von Furcht oder Hoffnung reden, brauchen sie solche Worte, daß dir kein Maler also könnte die Furcht oder Hoffnung abmalen, und kein Cicero oder Redekuniger also vorbilden. [...] Summa, willst du die heilige christliche Kirche gemalet sehen mit lebendiger Farbe und Gestalt, in einem kleinen Bilde gefasset, so nimmt den

> Psalter vor dich, so hast du was die Christenheit sei. Ja, du wirst auch dich selbst drinnen und das rechte Gnothi seauton [Erkenne dich selbst] finden, dazu Gott selbst und alle Kreaturen.[5]

Da wir uns selbst erkennen wollen und ebenso Gott und die anderen Geschöpfe, gehen wir zurück zu den Psalmen. Psalm 8 gehört zur Gattung der Lobpsalmen und erfüllt das am Ende von Psalm 7 gegebene Versprechen: „Ich danke dem Herrn um seiner Gerechtigkeit willen und will loben den Namen des Herrn, des Allerhöchsten" (Ps 7,18).[6] Sein Hauptthema ist das Lob von Gottes Werk, „der Schöpfung des Universums, und es kontrastiert seine unerschöpfliche Wirkmacht mit der Kleinheit des Menschen im großen Ganzen der geschaffenen Wesen."[7] Er ist wahrhaftig die Verkörperung der Verehrung Gottes, denn nur in diesem Psalm wird Gott direkt in der zweiten Person angesprochen. Aber er ist auch zutreffend als Weisheitspsalm bezeichnet worden, denn er „reflektiert über die zwei Aspekte der menschlichen Natur, Gebrechlichkeit und Sterblichkeit einerseits und andererseits den hohen Status, der den Menschen verliehen worden ist (Vers 6), im Verbund mit der Herrschaft über alle Geschöpfe (Verse 7–9)."[8]

Ich schlage eine Lesung des Psalm 8 vor, die von seiner anthropologischen Achse in Vers 5 ausgeht: „was ist der Mensch, dass du seiner gedenkst?" Man hat ihn als den „Übergangsvers" bezeichnet, der die „ontologische Frage" stellt.[9] Der Aufbau des Psalms wäre dann a) die Psalmüberschrift, b) gefolgt von der Einleitung (Vers 2a), c) Bezug auf die Größe Jahwehs (Verse 2b–3), d) die überleitende Frage über den Menschen (Verse 4–5). Nach der überleitenden Frage folgen e) eine Bekräftigung der Erhabenheit des Menschen (Verse 6–9) und ein abschließender Vers (Vers 10):

Überschrift*: Vers 1*

Ein Psalm Davids, vorzusingen, auf der Gittit.

---

[5] Martin Luther, Zweite Vorrede auf den Psalter (1528), in: Heinrich Bornkamm (Hg.), Luthers Vorreden zur Bibel (Vandenhoek & Ruprecht: *Göttingen, 3. Aufl. 1989), 67ff.*

[6] Walter Brueggemann/William H. Bellinger, Jr., Psalms (New York: Cambridge University Press, 2014), 58 (hier in der deutschen Ausgabe nach der Lutherbibel 2017 zitiert).

[7] David Emanuel, „Matthew 21:16: 'From the Lips of Infants and Babes' – The Interpretation of Psalm 8:2 in Matt 21:16", in: R. Steven Notley/Jeffrey P. Garcia (eds.), The Gospels in First-Century Judea (Leiden: Brill, 2015), 47.

[8] Norman Whybray, Reading the Psalms as a Book (Sheffield: Sheffield Academic Press, 1996), 60.

[9] Clarence Hassel Bullock, Psalms: Volume 1: Psalms 1–72 (Grand Rapids: Baker Books, 2015).

Inclusio/Einleitung/Präludium: Vers 2a

Herr, unser Herrscher, wie herrlich ist dein Name in allen Landen ...

Strophe 1: Die Größe Jahwehs: Verse 2b–3

... der du zeigst deine Hoheit am Himmel! Aus dem Mund der jungen Kinder und Säuglinge hast du eine Macht zugerichtet um deiner Feinde willen, dass du vertilgest den Feind und den Rachgierigen.

Strophe 2: Die Gebrechlichkeit des Menschen: Verse 4–5

Wenn ich sehe die Himmel, deiner Finger Werk, den Mond und die Sterne, die du bereitet hast: was ist der Mensch, dass du seiner gedenkst, und des Menschen Kind, dass du dich seiner annimmst?

Strophe 3: Die Größe des Menschen: Verse 6–9

Du hast ihn wenig niedriger gemacht als Gott, mit Ehre und Herrlichkeit hast du ihn gekrönt. Du hast ihn zum Herrn gemacht über deiner Hände Werk, alles hast du unter seine Füße getan: Schafe und Rinder allzumal, dazu auch die wilden Tiere, die Vögel unter dem Himmel und die Fische im Meer und alles, was die Meere durchzieht.

Inclusio/Ausklang/Postludium: Vers 10

Herr, unser Herrscher, wie herrlich ist dein Name in allen Landen!

Meine Annahme ist, dass der Psalm in seiner endgültigen Fassung, an dessen Anfang eine Überschrift steht, die auf seinen davidischen Ursprung verweist, eine gottesdienstliche Funktion hatte, worauf die Erwähnung des in seiner Bedeutung unklaren Begriffs „Gittit" hindeutet, der sich auf eine „Melodie, ein Instrument oder die Herkunft des Psalms" beziehen könnte.[10] In dieses Gotteslob wäre dann die erstaunliche Erfahrung des Sängers eingeflossen, der die Gebrechlichkeit und Verletzlichkeit des Menschen sieht im Angesicht des mächtigen Gottes, der das Universum geschaffen hat. Und doch ist dieses offensichtlich unbedeutende Wesen mit so viel Macht ausgestattet worden, dass es nur wenig niedriger als Gott steht. Im Folgenden werde ich den Fokus auf das Arrangement von Präludium und Postludium richten, die den hermeneutischen Schlüssel für Psalm 8 bilden. Dem folgt dann ein Blick auf die Zeilen, in denen die Größe Jahwes angesprochen wird. Der nächste Fokus ist dann auf die überleitende Frage nach dem Menschen gerichtet, bevor ich mit dem die Bekräftigung der Erhabenheit des Menschen enthaltenden Textteils schließe.

---

[10] Erhard Gerstenberger, Psalm: Part 1: With an Introduction to Cultic Poetry (GrandRapids: Wm. B. Eerdmans,1988), 67.

Präludium

Obwohl keine wissenschaftliche Einigkeit über die Einzelheiten der Struktur und der Anordnung der Strophen von Psalm 8 besteht, stimmt man doch darin überein, dass der Haupttext des Liedes von einem Präludium (Vers 2a) und einem gleichgestalteten Postludium (Vers 10) eingefasst wird.[11] Das Präludium und das Postludium bilden eine Klammer, die das Hauptthema des Psalms 8 hervorhebt. Einige Wissenschaftler und Wissenschaftlerinnen sehen in diesem Thema „eine Sinfonie der Freude über die Entfaltung der Theologie des Namens“[12], während andere glauben, dass das Thema „ohne Zweifel die Schöpfung ist, wobei das Königtum das Nebenthema darstellt“[13]. Ich bin der Ansicht, dass hier mehrere Themen angesprochen werden. Der Schwerpunkt eines dieser Themen liegt auf der Betonung der relationalen Anthropologie, vor Gott und der Schöpfung.

Der gemeinsame Wortlaut von Präludium und Postludium ist: „Herr, unser Herrscher, wie herrlich ist dein Name in allen Landen“ (Verse 2a und 10). Dieser Satz unterscheidet den Psalm von anderen, denn er beginnt mit einem Lobpreis statt mit einer Einladung zur Anbetung. Der Anbetende erkennt Jahwe als Gott (Jahwe) und als seinen Herrn (Adonai). Der Anbetende steht vor Jahwe, dessen Name die ganze Erde bedeckt. Im Alten und Neuen Testament ist der Name des Herrn eng verbunden mit der Gegenwart Jahwes[14] oder dem Ort, den Jahwe für seine „Selbstenthüllung“ wählt.[15]

Hier ist der Name Jahwes nicht auf einen Ort wie den Jerusalemer Tempel beschränkt. Man kann hier eine Bekräftigung einer der theologischen Tradition hinsichtlich Jahwes Gegenwart spüren – eine, in der die göttliche Gegenwart dezentralisiert ist. In über sechzig Psalmen werden die Anbetenden aufgefordert, den Namen zu preisen[16], den Namen anzurufen, den Namen zu verherrlichen, dem Namen Dank zu erweisen, den Namen zu verkünden, den Namen zu fürchten, den Namen zu erkennen, sich durch den Namen retten zu lassen, den Namen zu lieben, den Namen nicht zu vergessen, und den Namen zu suchen.[17] Sprüche 18,10 verweist

---

[11] Nancy L. de Claissé-Walford/Rolf A. Jacobson/Beth LaNeel Tanner (eds.), The Book of Psalms (Grand Rapids: Wm. B. Eerdmans, 2014), 120.

[12] A.a.O., 126.

[13] A.a.O., 120.

[14] Sandra L. Richter, The Deutronomistic History and the Name Theology (Berlin: Walter de Gruyter, 2002), 11.

[15] Geoffrey Grogan, Psalms (Cambridge: Wm. B. Eerdmans, 2008), 302.

[16] Raymond Jacques Tournay, Seeing and Hearing God with the Psalms: The Prophetic Liturgy of the Second Temple in Jerusalem, transl. J. Edward Crowley (Sheffield: Sheffield Academic Press, 1991), 108.

[17] A.a.O.

auf die Sicherheit des Namens: „Der Name des Herrn ist eine feste Burg; der Gerechte läuft dorthin und wird beschirmt."

Die erste Enthüllung des Namens geschah Mose auf dem Berg Horeb im Zuge von Gottes Befreiung der Israeliten aus der Sklaverei in Ägypten. In seiner Selbstenthüllung sagt Jahwe: „Ich werde sein, der ich sein werde", und verspricht, die Israeliten aus der Sklaverei (in der sie kein Volk sein können) zu befreien und sie zu einer Nation (einem Volk) zu machen. Dieser Name Jahwes ist übertragbar, bzw. er wird mit Menschen auf eine übertragende Weise geteilt – mit denjenigen, die durch Jahwes Namen gerufen werden, um erlöst zu werden oder Erlösung zu vermitteln.

Jene Engelgestalten, die den Namen Jahwes trugen, hatten eine solche Nähe zu Autorität und Macht, dass dies in der rabbinischen Literatur korrigiert wurde, da es Jahwes Monotheismus gefährdete. Dies traf insbesondere auf jene Engelsgestalten zu, die von Gott ausgesandt waren, um Gottes Volk zu retten. Das ist deutlich sichtbar in der frühen jüdischen mystischen Tradition, und von daher ist die Bezeichnung „Menschensohn" für Jesus im Neuen Testament verständlich. Dieser „Menschensohn" hat deshalb eine Funktion inne, die mit der des Engels verwandt ist, der die Israeliten aus Ägypten führte.[18] Jonathan Draper hat überzeugend aufgezeigt, wie das Kommen Jesu, insbesondere wie es im Johannesevangelium geschildert wird, in dieser theologischen Tradition interpretiert wurde, in der Jesus als der Bote angesehen wurde, der „den Namen Gottes trägt". In dieser Perspektive ist es so, dass jeder, der den Namen des Herrn trägt „den Vater repräsentiert, er ist eins mit dem Vater, durch die Vermittlung des Namens. Darum trägt er auch die Herrlichkeit auf seinem Gesicht wie sein Engel."[19]

Wenn der Anbetende in Psalm 8 die Hoheit des Namens des Herrn über die ganze Erde anspricht, verweist er damit auf die schützende Gegenwart Gottes in der ganzen Welt. Auf eine solche schützende Gegenwart ist mehr Verlass als auf alles andere, wie der Psalmist an anderer Stelle sagt: „Jene verlassen sich auf Wagen und Rosse; wir aber denken an den Namen des Herrn, unsres Gottes" (Ps 20,8). Der Psalmist bezeichnet den Namen Jahwes, und nicht irgendetwas Geschaffenes, auch nicht Menschen, als die Quelle der Sicherheit für die ganze Erde. Dies ist der Rahmen, innerhalb dessen die Menschen über sich selbst und andere in der Welt nachdenken sollten.

---

[18] Crispin H. T. Fletcher-Louis, „The Gospel Thief Saying (Luke 12:39–40 and Matthew 24:43–44) Reconsidered", in: Christopher Rowland/Crispin H. T. Fletcher-Louis (eds.), Understanding, Studying and Reading: New Testament Essays in Honour of John Ashton (Sheffield Academic Press, 1998), 48–68, hier 66.

[19] Jonathan Draper, „Practicing the Presence of God in John", in: Jonathan Draper (ed.), Orality, Literacy, and Colonialism in Antiquity (Atlanta: Society Biblical Literature, 2004), 165.

Die Hoheit Jahwes (Verse 2b–3)

Der Gott Lobpreisende in Psalm 8 geht nun dazu über, Beispiele für Gottes Größe in der Schöpfung zu nennen. Vor dem Hintergrund der Erhöhung des Namens des Herrn in Prä- und Postludium wird zunächst von der Herrlichkeit des Herrn gesprochen, die den Himmel erfüllt (Vers 2b), dann folgt der Satz: „Aus dem Mund der jungen Kinder und Säuglinge hast du eine Macht zugerichtet um deiner Feinde willen, dass du vertilgest den Feind und den Rachgierigen" (Vers 3). Es ist nicht klar, „wie diese Macht in einem naturgemäß schwachen und unbedeutenden Phänomen wie den Äußerungen eines Säuglings anzutreffen sein kann"[20]. Es ist auch nicht klar, welche Gruppe von Kindern der Psalm im Sinn hat. Schließlich ist auch nicht einfach zu entscheiden, wie man עֹז oder עוֹז (oz) zu übersetzen hat: „Macht", „Stützpunkt" oder „Festung/Bollwerk"? Eine literaturwissenschaftliche Analyse ist hier hilfreich, denn durch den besonderen, poetischen „Gebrauch eines Oxymorons" wird „Gottes höchste Macht und schöpferische Fähigkeit, etwas Wirkungsvolles und Mächtiges aus dem Nichts zu schaffen, vermittelt".[21] In diesem Sinne wird Gottes Fähigkeit, das mächtige Universum aus dem Nichts zu schaffen, dargestellt durch die „eine inkompatible Einheit von Stärke und Schwäche, die die Kraft des poetischen Bildes verstärkt".[22]

In der Perspektive unseres anthropologischen Themas ist der gebrechlichste und verwundbarste Zustand des Menschen der der Kindheit, wie in Psalm 8,3 dargestellt. Weil der mächtige Jahwe den Menschen Schutz und Sicherheit, eine feste Burg, vor allen Feinden gewährt, können sich die Menschen selbst in ihren schwächsten Augenblicken sicher fühlen. Der „Hinweis auf den Feind und den Rachgierigen in Psalm 8 verweist auf die Tatsache, dass wir in einer chaotischen Welt leben", wir aber Jahwes „alles überwindender, fortwährender Fürsorge" vertrauen müssen.[23]

Die Gebrechlichkeit des Menschen (Verse 4–5)

Dieser Abschnitt unterstreicht die Größe des Herrn, indem er die Größe der Schöpfung der Unbedeutendheit des Menschen gegenüberstellt. Die

---

[20] Emanuel, a.a.O. (s. Anm. 7), 48.

[21] A.a.O.

[22] A.a.O.

[23] Carl J. Bosma, „Beyond ‚Singers and Syntax': Theological and Canonical Reflections on Psalm 8", in: W. Th. Van Peursen/J. W. Dyk (eds.), Tradition and Innovation in Biblical Interpretation (Leiden: Brill, 2011), 90.

Macht Jahwes, wie sie sich in der Schöpfung zeigt, und die Verortung des Menschen in dieser Schöpfung helfen diesem, die rechte Perspektive auf sein Selbst zu gewinnen. Die Verse 4 und 5 fragen nach dem Wert des Menschen angesichts der Unermesslichkeit des geschaffenen Universums. Vers 5 stellt den Drehpunkt dar mit der überleitenden Frage: „was ist der Mensch, dass du seiner gedenkst, und des Menschen Kind, dass du dich seiner annimmst?" Der Psalmist vergöttlicht hier nicht die Schöpfung, sondern liefert einen Kontrast „zur ägyptischen Sicht des Kosmos", der „Himmel, Erde, das Firmament und die Sonne" jeweils den „Göttern Nut, Geb, Schu und Re" zuordnet.[24] Es scheint, als ob der Psalmist will, dass alle Menschen, wenn sie zu sehr an sich selbst denken, jenen Vers 5 wiederholen: „was ist der Mensch, dass du seiner gedenkst, und des Menschen Kind, dass du dich seiner annimmst?"

Die Grösse des Menschen (Verse 6–9)

Während Vers 5 geeignet ist, eine sich selbst überhebende Menschheit auf ihren Platz zu verweisen, sind die Verse 6–9 bestrebt, den Menschen aus seinem niedrigen Stand zu erheben. Die Menschen werden hier als Boten Gottes ausgewiesen – gekrönt mit Ehre und Herrlichkeit –, geschaffen zum Bilde Gottes, um mit Genesis 1 zu reden. Der allgemeine Geist der Antwort auf die vorgehende rhetorische Frage ist der, dass „die Herrlichkeit Gott es ist, die einen gebrechlichen Menschen aus dem Staub der Erde formt und ihm dann die Herrschaft über die Erde überträgt" [25]. Die Größe des Menschen leitet sich von der Größe Gottes her und der ihm von Gott übertragenen Verantwortung für alle Geschöpfe. Vom Menschen wird hier gesagt, er sei „wenig niedriger gemacht als Gott" (Vers 6), wodurch die hohe Stellung der Menschheit ausgedrückt wird, in der „nur sehr wenig ihnen vorenthalten" ist.[26]

Dass dem Menschen die Herrschaft über „alle drei Bereiche des Kosmos, von den wilden Tieren (d.h. der Erde), den Vögeln unter dem Himmel bis zu den Fischen im Meer"[27] gegeben ist, ist ein Anklang an die Schöpfungsgeschichte in Genesis 1, wo gesagt wird, dass der Mensch die Verantwortung über alle geschaffenen Dinge hat. Aber der Mensch ist niemals Gott; die

---

[24] Hassel Bullock, a.a.O. (s. Anm. 9).

[25] Allen P. Ross, A Commentary on the Psalms (Grand Rapids: Kregel, 2011), 293.

[26] G. C. Berkouwer, Studies in Dogmatics: Holy Scripture, transl. Jack B. Rogers (Grand Rapids: Wm. B. Eerdmans, 1975), 224.

[27] Kyle Greenwood, Scripture and Cosmology: Reading the Bible between the Ancient World and Modern Science (Downers Grove: Inter Varsity Press, 2015), 114.

Menschen sind „wenig niedriger gemacht als Gott“. Walter Brueggemann hat sehr hilfreich darauf hingewiesen, dass die den Menschen verliehene Autorität und die menschliche Unterordnung unter den Besitzer des Kosmos zusammengesehen werden müssen:

> Beides muss zusammengesehen werden. Das Lob Gottes ohne menschliche Autorität kommt einer Abdankung gleich und „überlässt alles Gott“, zu was der Psalm nicht auffordert. Aber der Gebrauch der menschlichen Macht ohne den Kontext des Lobes Gottes heißt, die menschliche Regentschaft über die Schöpfung zu profanieren und damit mehr an sich zu reißen, als gewährt wurde. Die Menschen sollen herrschen, aber es ist ihnen nicht gegeben, die uneingeschränkte Loyalität entgegenzunehmen. Eine solche Loyalität kommt alleine Gott zu.[28]

Postludium

Das Postludium wiederholt das Präludium mit einem nochmaligen Lobpreis Jahwes. Wie bereits gesagt,

> gilt der erste und letzte Gedanke der Herrlichkeit Gottes. Auf diese Weise zeigt der Psalm, dass alles auf Gott verweist und dass es ohne Doxologie keine menschliche Würde geben kann. Nur wenn die Menschen sich ihrer eigenen Bedeutungslosigkeit bewusst sind, können sie die Größe Gottes erkennen und sind fähig, den Herrn auf die rechte Weise auf der Erde zu repräsentieren.[29]

Luther und der Mensch

Am 14. Januar 1536 hielt Martin Luther eine „Disputation über den Menschen“ (Disputatio de homine). Im Folgenden eine Auswahl aus seinen 40 Thesen zu dem Thema, die einen Einblick in seine Sicht des Menschen geben:

> 20. Die Theologie hingegen definiert aus der Fülle ihrer Weisheit den ganzen und vollständigen Menschen.
>
> 21. Nämlich, dass der Mensch Gottes Geschöpf ist, das aus Fleisch und einer lebendigen Seele besteht, vom Anfang an zum Bild Gottes gemacht ohne Sünde, dass er sich vermehre und über die Dinge herrsche und niemals sterbe.

---

[28] Walter Brueggemann, The Message of the Psalms (Minneapolis: Augsburg, 1984), 38.
[29] James D. G. Dunn/John W. Rogerson (eds.), Eerdmans Commentary on the Bible (Cambridge: Wm. B. Eerdmans, 2003), 373.

> 22. Αβερ ναχη δεμ Φαλλ Adams der Macht des Teufels unterworfen, der Sünde und dem Tod, beides Übel, die durch seine Kräfte nicht zu überwinden und ewig sind.
>
> 23. Und dass [das Geschöpf] nur durch den Sohn Gottes, Christus Jesus, (wenn er an ihn glaubt) befreit und mit der Ewigkeit des Lebens beschenkt werden kann.[30]

In seiner Disputation weist Luther andere Auffassungen über das Wesen des Menschen zurück, die von verschiedenen Philosophien seiner Zeit vertreten wurden. Luther leugnet nicht, dass der Mensch ein rationales Wesen ist, aber er sieht den Mensch als durch den Glauben gerechtfertigt. Mit den Worten Oswald Bayers:

> Menschsein ist unverdiente, rein verdankte Existenz. [...] Das Sein des Menschen ist sein elementares Angewiesensein darauf, dass ihm das Leben und das zum Leben Notwendige gegeben, in jeder Sekunde neu gewährt und nicht entzogen wird – kann er doch keinen einzigen Augenblick in und aus sich selbst Bestand haben.[31]

Dieses Verständnis des Menschen als ein begnadetes Wesen war Luthers besonderer Beitrag zu einer Anthropologie jenseits der Theologie. Im Allgemeinen wird Gnade mehr als theologische denn als soziale, politische, wirtschaftliche oder andere Kategorie verstanden. Für Luther lebt der Mensch aus der Angewiesenheit heraus. Diese auf die Gnade orientierte Anthropologie soll nicht nur zeigen, wie der Mensch als vor Gott lebend zu verstehen ist, sondern auch wie er mit anderen Menschen und der Schöpfung lebt. Wie Luther in seinem „Kleinen Katechismus" sagt: „Ich glaube, dass mich Gott geschaffen hat samt allen Kreaturen [...] und das alles aus lauter väterlicher, göttlicher Güte und Barmherzigkeit, ohn all mein Verdienst und Würdigkeit."[32] Luther erkannte, dass Geschaffensein bedeutet, mit anderen Geschöpfen an einem gemeinsamen Leben teilzuhaben. Eine solche Perspektive hindert Menschen daran, sich selbst zu überschätzen. Selbst wenn sich ein Mensch aufs Äußerste angestrengt und vieles erreicht hat, denkt er dann, dass Gott

---

[30] Martin Luther, Lateinisch-Deutsche Studienausgabe, Band 1 (Evangelische Verlagsanstalt: Leipzig, 2. Aufl. 2016), 667.

[31] Oswald Bayer, Martin Luthers Theologie: Eine Vergegenwärtigung (Tübingen: Mohr Siebeck, 2003), 141f. (Engl. Übersetzung: Martin Luther's Theology: A Contemporary Interpretation, transl. Thomas H. Trapp, Grand Rapids, MI: Wm. B. Eerdmans, 2008, 156).

[32] Martin Luther, „Der kleine Katechismus", in: Unser Glaube. Die Bekenntnisschriften der evangelisch-lutherischen Kirche, hg. vom Lutherischen Kirchenamt der VELKD (Gütersloh: Gütersloher Verlagshaus, 3. Aufl. 1993), 542f.

> mir Leib und Seele, Augen, Ohren und alle Glieder, Vernunft und alle Sinne gegeben hat und noch erhält; dazu Kleider und Schuh, Essen und Trinken, Haus und Hof, Weib und Kind, Acker, Vieh und alle Güter; mit allem, was not tut für Leib und Leben, mich reichlich und täglich versorgt, in allen Gefahren beschirmt und vor allem Übel behütet und bewahrt.[33]

Die Darstellung des Menschen in Psalm 8 und bei Luther wirft Fragen auf, was dies hinsichtlich der menschlichen Handlungsfähigkeit bedeutet. In den Sozialwissenschaften hat man schon lange erkannt, dass „Mensch sein bedeutet, ein Handelnder zu sein – obwohl nicht alle Handelnden Menschen sind. [...]“ [34] Nach diesem Verständnis haben Handelnde „Macht“ bzw. die „transformative Fähigkeit in einem gegebenen Umfeld von Ereignissen zu intervenieren und diese auf die eine oder andere Weise zu verändern“[35]. Sowohl in der Sicht des Psalms wie der Luthers wird das menschliche Handeln besser verstanden durch seine Beziehung zu Gott. Für die Psalmen ist jedes Handeln ohne Übereinstimmung mit dem Wirken Gottes vergeblich: „Wenn der Herr nicht das Haus baut, so arbeiten umsonst, die daran bauen. Wenn der Herr nicht die Stadt behütet, so wacht der Wächter umsonst. Es ist umsonst, dass ihr früh aufsteht und hernach lange sitzet und esset euer Brot mit Sorgen; denn seinen Freunden gibt er es im Schlaf“ (Ps 127,1–2).

Ein solches Verständnis des menschlichen Handelns schmälert nicht die menschliche Kreativität und Genialität, sondern erhöht sie eher.

---

[33] A.a.O., 543.

[34] Anthony Giddens, The Nation-state and Violence (Cambridge: Polity Press, 1985), 7.

[35] A.a.O.

Der Garten der drei Schwestern: Zusammenleben für das Gemeinwohl

Mary Philip (Joy)

> Unsere Träume wurden kastriert. Wir gehören nirgendwohin. Wir segeln ohne Anker durch stürmische Meere. Vielleicht wird man uns nie erlauben, an Land zu gehen. Unser Leid wird nie traurig genug sein. Unsere Freude nie freudig genug. Unsere Träume werden nie groß genug sein. Unser Leben nie wichtig genug. Um von Bedeutung zu sein.[1]

Dieses Zitat von Arundhati Roy, die wie ich aus Indien stammt, spiegelt die Gefühle der Tage wider, als Verbrechen, Korruption, Tod und Zerstörung nur allzu vertraut waren und Hoffnung ferne schien. Dann lese ich diese Zeilen, auch von Arundhati Roy:

> Die Zeit ist gekommen, sagte das Walross. Vielleicht werden die Dinge schlechter und dann besser. Vielleicht gibt es einen kleinen Gott oben im Himmel, die sich für uns bereit macht. Eine andere Welt ist nicht nur möglich, sie ist auf dem Weg. Vielleicht werden viele von uns nicht hier sein, um sie zu begrüßen, aber an einem ruhigen Tag, wenn ich aufmerksam lausche, kann ich ihren Atem hören.[2]

Vielleicht ist die Hoffnung doch nicht so weit weg. Die Worte Arundhatis wecken ein Déja-vu-Gefühl. Hätte Luther im sechzehnten Jahrhundert

---

[1] Arundhati Roy, The God of Small Things (Toronto, Canada: Vintage, 1997), 52 (zit. nach: Arundhati Roy, Der Gott der kleinen Dinge, München 2006, 68).

[2] Arundhati Roy, zitiert aus seinem Lannan Foundation-Vortrag „Come September", gehalten am 18. September 2002, bei der Lannan Foundation in Santa Fe, New Mexico, USA.

auch so empfunden? Ist es Zeit für eine weitere Reformation? Fünfhundert Jahre! Vielleicht ist es Zeit für eine weitere Reformation. Die Dinge sind definitiv schlechter geworden, daher könnte die Besserung bevorstehen. Nun, alles was wir tun müssen, ist zusammenzuarbeiten mit diesem „kleinen Gott oben im Himmel, die sich für uns bereit macht". Aber das ist leichter gesagt als getan!

Luther und die Schöpfungsordnung

Welche Beziehung zwischen Theologie, Politik und Wirtschaft würde das Gemeinwohl fördern und eine andere Welt möglich machen? Wir müssen bloß einen Blick in die Zeitung werfen oder fernsehen oder einfach um uns schauen, um festzustellen, dass der bestehende *modus operandi* nicht funktioniert. Wie kann diese Beziehung also neu gestaltet werden? Lutheraner und Lutheranerinnen sind vertraut mit Luthers Ständelehre – den drei Schöpfungsordnungen *ecclesia, politia* und *oeconomia*. Mit der Schöpfung der Vögel und der Tiere auf der Erde und dann von Adam und Eva wurde der Hausstand (*oeconomia*) eingerichtet, wenn auch nicht seine leitenden Regeln. Indem das Wohlbefinden der Geschöpfe Adam und Eva anvertraut wurde, wurde die Zivilgesellschaft oder *politeia* eingesetzt (ich weiß, dass Luther hier nicht eindeutiger Ansicht war; es gibt bei ihm Textstellen, wo er sich auf die Einsetzung der *politeia* nach dem Sündenfall bezieht). Der Sabbat, der Tag, an dem Gott ruhte, wird als Präfiguration der Kirche oder *ecclesia* angesehen. Mit Luthers Worten: „Dreierlei Stände sind von Gott geordnet, in welchen man mit Gott und gutem Gewissen sein mag. Der erste ist der Hausstand; der ander das politische und weltliche Regiment; der dritte der Kirchen- oder Priesterstand nach den dreien Personen der Dreifaltigkeit."[3] Diese drei Ordnungen waren nicht unabhängig voneinander, sondern sicherten und unterstützten einander durch gegenseitige Teilhabe. Sie arbeiteten zusammen als „Funktionen der menschlichen Gesellschaft"[4]. Fehlfunktion, Nicht-Funktion oder Dysfunktion eine dieser drei Ordnungen störte das gesellschaftliche Gleichgewicht, denn jede hatte eine wesentliche Aufgabe. Die Kirche war das Vestibül für die Verkündigung von Gottes Wort, sei es als Evangelium und/oder Gesetz und für den Gottesdienst, „die menschliche Antwort darauf". Der Hausstand, die *oeconomia*, sorgte für den Lebensunterhalt. Der Hausstand war der Ort menschlicher Beziehungen und menschlicher Reproduktion. Er war auch der Ort, wo die Menschen arbeiteten – Güter

[3] WA TR 6, 266 (Nr. 6913).

[4] Vítor Westhelle, Transfiguring Luther: The Planetary Promise of Luther's Theology (Eugene, OR: Cascade, 2016), 284.

produzierten und austauschten, wo der Handel stattfand – was wir heute mit Wirtschaft bezeichnen. Die *politia*, die zivile Regierung, sorgte für die gesellschaftliche Ordnung, für Verteidigung und Schutz. Für Luther waren Politik und Wirtschaft, um diese Begriffe zu gebrauchen, und die Kirche (auch die Theologie) Formen, in denen die Menschen „mit Gott zusammenarbeiten". Phil Hefner bezeichnet sie als Räume und/oder Sphären, in denen die Menschen aufgerufen sind, als geschaffene Mitschöpfer zu wirken. Aber Mitschöpfung ist nicht immer lebensfördernd. Und hier spielt die Theologie eine entscheidende Rolle. Die Theologie hat die undankbare aber entscheidende Aufgabe des Prüfens, des Infragestellens und des Herausforderns.

Luther benutzt zwei Metaphern – Werkzeug (*instrumentum*) und Larven (*larvae*), d.h. Masken –, um zu erklären, wie diese Zusammenarbeit geschieht. Ein Werkzeug hilft bei der Arbeit, bei unserer Produktion. Das paulinische Bild von dem einen Leib und den vielen Gliedern ist hier ein hilfreiches Beispiel. Ein Teil, sei es die Hand oder der Kopf, wird zum Repräsentanten des Ganzen. Sprache ist ein unterscheidendes Merkmal des Menschen. Der Sprechakt geschieht in der Zusammenarbeit der respiratorischen, zirkulatorischen und nervlichen Systeme, doch die Rede selbst kommt aus einem Teil des Körpers, dem Mund, und ist repräsentativ für die ganze Person. Während das Werkzeug in der Ordnung des Hausstandes, der *oeconomia*, d.h. der Wirtschaft Anwendung findet, ist die Larve/Maske im Bereich der *politia* wirksam.[5] Die Maske kann verwendet werden, um denjenigen zu repräsentieren, „der im Namen einer Sache, einer Person oder einer Gruppe spricht und Interessen des Gemeinwohls vertritt".[6]

In Kerala, wo ich herkomme, gibt es eine Kunstform, die Kathakali genannt wird, die früher dazu benutzt wurde, Geschichten aus den Hinduschriften darzustellen und damit religiöse Normen und Werte zu verstärken. Heute hat sich Kathakali dahingehend entwickelt, dass die Tänzer oder Darsteller hauptsächlich politische Charaktere darstellen und damit auf gesellschaftliche Probleme hinweisen. Und das Schöne daran ist, dass die Masken nicht wirklich Masken sind.

Die Gesichter der Tänzer und Tänzerinnen sind so kunstvoll und dramatisch bemalt, dass sich die menschlichen Tänzer und Tänzerinnen bzw. Darsteller und Darstellerinnen in die Charaktere verwandeln, die sie spielen. Die starke Gesichtsbemalung lässt es fast so erscheinen, als ob die Darsteller und Darstellerinnen Masken trügen. Traditionell sprechen die Kathakali-Tänzer und -Tänzerinnen bzw. -Darsteller und -Darstellerinnen nicht. Die präzisen Mudras (Gesten) und Gesichtsausdrücke der Tänzer und Tänzerinnen übersetzen quasi jedes von den Sängern und Sängerin-

[5] A.a.O., 287.
[6] A.a.O.

nen in Sanskrit oder Manipravalam (einer Kombination von Sanskrit und Malayalam) gesungene Wort.[7]

Wie bereits gesagt, sind sowohl die *oeconomia* als auch die *politia* von Gott eingesetzte Schöpfungsordnungen. Nach Luther sind sie jedoch nicht autonom oder neutral. Sie wirken zusammen, wie es beispielhaft vom Kathakali gezeigt wird. Wie geschieht dies nun? Was ermöglicht dem Teil, das Ganze zu repräsentieren? Oder: Wer oder was ist hinter der Maske? „Wenn es die Politik ist, die die Machtbeziehungen reguliert, so ist es die Arbeit und die *oeconomia*, die sie erhält."[8] Die Theologie (oder Kirche) grundiert beide. Gott hat unsere Werke nicht nötig, aber wir und unsere Nächsten brauchen sie. Unsere Werke haben einen Wert – einen politischen, wirtschaftlichen oder religiösen –, nicht weil sie ein Zugang zur Erlösung wären, sondern weil sie Gott und unseren Nächsten dienen. Jeder/jede von uns hat eine Berufung, und eine Berufung ist mehr als Geldverdienen. Dazu gehören alle unsere Pflichten und Aufgaben in allen Lebensbereichen, die zusammen das Gemeinwohl und die Fürsorge für die Welt fördern.[9] Damit haben wir den *modus operandi* für die Wechselwirkung zwischen Politik, Wirtschaft und Theologie – sie müssen zusammenarbeiten. Mit anderen Worten, PET (das Akronym aus den englischen Begriffen politics, economics, theology) muss einfach zusammenarbeiten! Und um auf die Frage zurückzukommen, wie wir die Beziehung zwischen den Dreien neu gestalten können, sodass sie funktioniert, so gibt es hier wirklich eine ingeniöse Neugestaltung oder, um ein Bild zu benutzen, Wiederbepflanzung.

Ich verwende am liebsten Metaphern oder, wie ich in diesem Fall sagen sollte, Fabeln oder Gleichnisse. Das verschafft mir ein zusätzliches Vokabular, denn die Sprache, die ich hier benutze, ist nicht meine Muttersprache. Aber ich weiß auch, dass sie ihre Grenzen haben. Wie auch immer, die Metaphern, Fabeln oder Gleichnisse, die ich verwende, sind meine Art und Weise, eine andere Perspektive darzustellen. Eine Perspektive wohlgemerkt, nicht *die* Perspektive. Und vielleicht überzeugt es sie auch nicht. Also, wie bauen wir die Beziehung zwischen PET wieder auf, sodass sie für das Gemeinwohl wirken?

Der Garten der drei Schwestern

Die „drei Schwestern" kommen im Schöpfungsmythos der Irokesen vor. In ihm wird erzählt, dass die Erde dadurch entstand, dass die „Himmels-

[7] In dem Abschnitt hier über Kathakali stütze ich mich auf mein Gedächtnis und auf Informationen von verschieden Websites.
[8] Westhelle, a.a.O. (Fußnote 3), 300.
[9] William Schumacher, „Faithful Witness in Work and Rest", in: Concordia Journal, 41, 2, 136–150.

frau", die in der oberen Welt lebte, neugierig war und durch ein Loch im Himmel nach unten schaute und dabei nach unten fiel. Die Seetiere sahen sie herunterfallen, und die Schildkröte schwamm nach oben, um ihren Fall aufzuhalten. Damit sie etwas zum darauf Stehen bekäme, beschlossen die Tiere, von dem einzigen Ort Erde zu holen, wo es ihres Wissens Erde gab, nämlich dem Grund des Meeres. Eines nach dem anderen tauchte nach unten, aber keines kam bis ganz nach unten, außer der Otterfrau. Sie tauchte, kam aber nicht mehr nach oben, sodass die anderen Tiere dachten, sie sei tot. Aber nach vier Tagen tauchte sie wieder auf, jedenfalls ihr Körper. Die Seetiere zogen die bewusstlose Otter auf den Rücken der Schildkröte und als sie ihre Zehen aufbogen, fanden sie dazwischen etwas Erde. Daraus wurde die Schildkröteninsel, d.h. das heutige Nordamerika. Die Himmelsfrau war vor ihrem Fall schwanger gewesen. Sie brachte auf der Schildkröteninsel eine Tochter zur Welt, die zu einer jungen Frau heranwuchs, die dann auch schwanger wurde (durch den Westwind). Sie starb bei der Geburt von Zwillingsknaben. Die Himmelsfrau begrub ihre Tochter in der „neuen Erde". Aus ihrem Grab wuchsen drei heilige Pflanzen – Mais, Bohnen und Kürbis. Mais, Bohnen und Kürbis werden die drei Schwestern genannt, auch in den Geschichten der Ersten Nationen Kanadas.[10]

„Die drei Schwestern", eine Mohawk-Legende[11], ist sehr bekannt und jedes indigene Kind kennt wohl heute diese Schwestern. Die kleine grüne Schwester ist die Bohne, die gelbe Schwester ist die Kürbispflanze, und die älteste Schwester mit langen wallendem Haar und dem grünen Schal ist die Maispflanze.

Der Garten der drei Schwestern ist eine Art und Weise zu pflanzen, die bei den Haudenosaunee („Leute des Langhauses", Selbstbezeichnung der Irokesen) entwickelt wurde. Wie es in der irokesischen Legende heißt, sind Mais, Bohnen und Kürbis „die drei einheimischen Mädchen, unzertrennliche Schwestern, die nur zusammen wachsen. Die drei sind zwar sehr verschieden, doch sie lieben einander sehr und gedeihen, wenn sie nah beieinander sind."[12]

Der hochaufschießende Mais unterstützt die Bohnen, indem er eine natürliche Bohnenstange bildet, an der die Bohnen emporranken. Die

---

[10] Die Geschichte ist auch unter den Ersten Nationen in Kanada weit verbreitet, und den obigen Text habe ich von meiner Kollegin, Dorinda Kruger Allen, die zu den Algonkin gehört. Wie sie mir sagte, sind diese Geschichten oder Mythen nicht festgelegt. Sie verändern sich, je nachdem, wer sie erzählt.

[11] Eine Version der Geschichte von den „drei Schwestern" wurde von Lois Thomas auf Cornwall Island, Kanada aufgezeichnet. Sie ist in einer von Studierenden des Centennial College in Toronto herausgegebenen Legendensammlung enthalten.

[12] Zitat aus http://www.reneesgarden.com/articles/3sisters.html.

Stangenbohnen wiederum formen ein Gerüst um die Maispflanze, das diese stabilisiert und verhindert, dass sie, etwa durch Windstöße, umfällt. Die großen Kürbisblätter bedecken den Boden wie lebendiger Mulch, konservieren die Feuchtigkeit, reduzieren durch ihren Schatten den Unkrautwuchs und erhöhen die Chancen, dass die Pflanzen in regenarmen Jahren überleben. Die stacheligen Kürbispflanzen tragen auch dazu bei, Räuber von dem Mais und den Bohnen abzuhalten. Und um dem Ganzen die Krone aufzusetzen, haben die Bohnen auch noch als Leguminosen die Fähigkeit, durch Knöllchenbakterien in ihren Wurzeln Stickstoff aus der Luft zu binden und so Mais und Kürbis mit zusätzlichem Stickstoff zu versorgen. Dies vermehrt nicht nur die allgemeine Fruchtbarkeit des Bodens, sondern die Pflanzenrückstände aus dieser Pflanzenkombination gelangen am Ende der Anbausaison wieder in den Boden und bilden zusätzliches organisches Material, das die Bodenstruktur für die kommenden Jahre verbessert.[13]

Die drei Schwestern – Mais, Bohnen und Kürbis – unterstützen sich nicht nur, sondern brauchen einander auch. Die Kombination der Pflanzen trägt dazu bei, dass jede von ihnen vollen Ertrag erbringt. Weiterhin ergänzen sie einander auch im Hinblick auf die Ernährung. Der Mais enthält wenig Protein, aber viel Kohlehydrate; die Bohnen dagegen enthalten viel Protein und gleichen so den geringen Proteingehalt im Mais aus. Der Kürbis enthält Vitamine und Fette in Form von Öl in seinen Kernen. Die drei Pflanzen sind also ein Kraftpaket, wenn sie kombiniert werden. Das ist ein klassisches Beispiel für drei Wesen, die zusammen für das Gemeinwohl leben. Es ist eine Lektion *par excellence* für den Aufbau einer Gemeinschaft, in der die Mitglieder gedeihen und dabei gleichzeitig voneinander unabhängig und abhängig sind.[14]

Die Pflanzen werden nicht zufällig gepflanzt, sondern auf eine bestimmte Weise. Kleine etwas erhöhte Beete werden aus gut durchgehackter Erde gebildet. Darin werden die Pflanzen systematisch gepflanzt. Der Mais kommt in die Mitte von jedem Beet, fünf oder sechs Körner in einem kleinen Kreis. Wenn der Mais etwa 10–15 cm hoch gewachsen ist, werden die Bohnen in einem Kreis mit etwa 15 cm Abstand von den Maiskörnern gepflanzt. Wenn die Bohnen sprießen, was etwa eine Woche dauert, werden die Kürbissamen am Rand des Beetes gesät, in einem Abstand von etwa 30 cm von den Bohnen. Wenn die Pflanzen wachsen, ist es notwendig die Jungpflanzen auszudünnen, nur die kräftigsten Mais-, Bohnen- und Kürbispflänzchen bleiben stehen. Wenn die Bohnen wachsen, wird darauf geachtet, dass sie von den Maishalmen gehalten werden, indem man die

---

[13] A.a.O.

[14] A.a.O.

Ranken um sie wickelt. Die Kürbispflanzen verbreiten sich über das Beet, um den Mais und die Bohnen herum.[15]

Die drei Schwestern werden entweder in erhöhten oder tiefen Beeten gezogen. Die ersteren sind etwa 8–10 cm hoch, um die Entwässerung und die Erdwärme zu optimieren mit einem kleinen Krater in der Mitte, sodass das Wasser nicht zu schnell abläuft. Oder es wird in Beeten gepflanzt, deren Ränder etwas erhöht sind, sodass sich das Wasser in den Beeten sammelt. Die Gestaltung der Beete ist mit anderen Worten an das jeweilige Klima und die Bodenbeschaffenheit angepasst. Das zeigt, wie wichtig die Anpassung an die jeweiligen Umweltbedingungen ist.

Um Erfolg mit dem Garten der drei Schwestern zu haben, bedarf es einer aufmerksamen Zeitplanung und Saatverteilung und guter Pflanzensorten. Ein gedankenloses Einpflanzen zur gleichen Zeit am selben Platz würde nur zu einem Rankengewirr und völligem Durcheinander führen!

Maispolitik, Bohnenwirtschaft und Kürbistheologie

Die Verbindung zwischen dem Garten der drei Schwestern und der Neugestaltung der PET-Beziehung (Politik, Wirtschaft, Theologie) sollte inzwischen offensichtlich geworden sein: die drei Schwestern sind in diesem Fall Politik, Wirtschaft und Theologie. Die Maispolitik, Bohnenwirtschaft und Kürbistheologie.

Die Politik ist der Pol oder Pfeiler für die Ausübung von Macht und die Verteilung von Ressourcen; Wirtschaft ist der Haushalt oder das fördernde Netzwerk von Beziehungen; und die Position der Theologie ist am Rande und dazwischen, wie man an dem Garten der drei Schwestern gesehen hat.

Politik ist das Rückgrat oder der Pfeiler, sie schafft und überwacht die Gesetze, die den Menschen Freiheit gewähren, z.B. das Recht auf freie Rede oder auf Ausübung einer Religion; sie ist da für den Schutz der Menschenrechte, zur Förderung von Frieden und Gerechtigkeit für die Armen, die Unterdrückten und Ausgebeuteten. Darüber hinaus braucht es eine Regierungsführung, um den Handel zu erleichtern und Arbeitsplätze zu schaffen, sodass die Menschen das Recht auf Arbeit verwirklichen und produktive, ihren Beitrag leistende Mitglieder der Gesellschaft sein können, die ihnen die Würde und den Respekt gewährt, die allen Menschen gebührt. Gerade wie der Maishalm die Bohnen stützt, die Nahrung geben, muss unser politisches System ein Stützpfeiler sein für diejenigen, die unsere Gemeinschaft ausmachen, für diejenigen, die uns ernähren und erhalten. Von den anderen beiden Feldern – Wirtschaft und Theologie – wird die

[15] Siehe http://www.nativetech.org/cornhusk/threesisters.html.

Politik ihre Stärke, Vitalität und Autorität und letztlich ihre Legitimität beziehen, Entscheidungen für das Gemeinwohl zu treffen.

Menschen sind auch wirtschaftliche Akteure und Akteurinnen, deren Wert sich auch bemisst an ihrer Produktivität, dazu auch im Blick auf ihre Reproduktion und ihren Konsum. Wirtschaft, oeconomia, hat mit menschlicher Aktivität zu tun, die in ein Beziehungsgefüge eingebunden ist. Es ist dieses Beziehungsgefüge, das den Rahmen für die *politia* bildet und sie erhält. So wie die Bohnen Nährstoffe in Form von zusätzlichem Stickstoff an den Mais abgeben, so erleichtert und fördert der Hausstand/ die *oeconomia* das Wachstum durch Pflege, Bewahrung und Ausübung einer verantwortungsvollen Haushalterschaft über ihre Ressourcen. Es geht um die Schaffung eines Beziehungsgefüges, in dem wir Sorge tragen für unsere Nächsten und die Erde, die uns beherbergt mit all ihren Lebewesen und Dingen. Dieses Gewebe der Verbundenheit wird durch das starke Rahmenwerk ermöglicht, das es für den politischen Bereich bildet.

Kürbistheologie: die Rolle und der Ort der Theologie

Wie die Kürbispflanzen hat die Theologie ihren Platz am Rand und überall dazwischen. Es handelt sich hier um *choratische* Räume, um einen Begriff Derridas aufzugreifen, oder dritte Räume, wie Homi Bhabha sie nennen würde. Mit den Worten Bhabas: „Diese Räume dazwischen bilden das Terrain, um Strategien des Selbstseins auszuarbeiten – individuell oder gemeinschaftlich –, die neue Zeichen der Identität eröffnen [...] im Akt selbst der Definition der Idee [einer] neuen Gesellschaft.“[16] Dies ist die Rolle der Theologie *par excellence*. Sich in diesen Räumen zu befinden, „lässt etwas anderes entstehen, etwas Neues [...] einen neuen Bereich des Verhandelns von Bedeutung und Repräsentation“[17]. Es ist ein Ort, der Begegnungen erleichtert und wo sich Bedeutungen verändern[18], wo man offen für andere und anderes ist, für die Nächsten oder Politik oder Wirtschaft.[19] Es ist ein Ort, an dem das Neue geschieht, wo man bestehende Machtstrukturen infrage stellt. Die dritten Räume sind „ein dialogischer Ort“, ein Ort, wo „Artikulation, Identifikation und Verhandeln“[20] möglich sind. Die christliche

---

[16] Homi Bhabha, Location of Culture (New York: Routledge, 1994), 1–2.

[17] Jonathan Rutherford, „The Third Space, Interview with Homi Bhabha” in: Identity: Community, Culture, Difference (London: Lawrence & Wishart, 1998), 211.

[18] A.a.O., 202.

[19] Bhabha, Location of Culture, a.a.O. (s. Anm. 16), 1–2.

[20] Bhabha, „In the Cave of Making: Thoughts on Third Space”, in: Karin Ikas/Gerhard Wagner (eds.), Communicating in the Third Space, (New York: Routledge, 2009), x.

Geschichte ereignet sich im dritten Raum – die Ankündigung im Haus einer niedrigen Magd (dritter Raum), die Identifikation des Schöpfers mit dem Geschöpf und der geschaffenen Welt im dritten Raum des Stalls und der Schädelstätte Golgatha, auch wo das Verhandeln kulminierte.

Bhabha führt dieses eindrucksvolle Beispiel für einen dritten Raum an: Er verweist auf die Gacaca-Gerichte, das sind Gemeinschaftsgerichte, die nach dem Genozid im Jahr 1994 in Ruanda im Jahr 2001 nach traditionellem Vorbild eingerichtet wurden. Für Bhabha ist die Gacaca, eine aus der in Ruanda heimischen Grasart gleichen Namens gefertigte Matte, nach der die Gacacagerichte benannt sind, ein dritter Raum. Seiner Ansicht nach ist die Gacaca nicht einfach eine neutraler Boden, wo Bekenntnis und Konfrontation mit der Schuld stattfinden, sondern „ein Ort und eine Zeit, die zwischen dem/der Gewalt Ausübenden und dem/der Gewalt Erleidenden existiert, dem/der Angeklagten und dem/der Ankläger/in, zwischen Vorwurf und Eingeständnis“[21]. Diese Matte, auf der beide Parteien zusammenkommen, dieser „Ort des Dazwischenseins“, dieser dritte Raum, dieser Zwischenraum, wird zum „Boden der Diskussion, des Disputes, des Bekenntnisses, der Verteidigung und Verhandlung, durch die die Tutsis und Hutus zusammen sich den Ungerechtigkeiten und Asymmetrien des gesellschaftlichen Traumas stellen, nicht als ‚gemeinschaftliches Volk‘, sondern als ein Volk mit einem gemeinschaftlichen Anliegen“[22]. Sollte nicht Theologie in diesem Raum stattfinden? Wo, wenn nicht dort?

Diese Räume sind ebenso Räume grenzenloser Möglichkeiten. Der dritte Raum bzw. die Zwischenräume, sind eine

> grenzenlose Zusammensetzung von Lebenswelten, die radikal offen und offen radikalisierbar sind; [...] die niemals vollständig erkennbar sind, deren Erkenntnis aber nichtsdestotrotz unsere Suche nach emanzipatorischer Veränderung und Herrschaftsfreiheit leitet. Sie ist ungeordnet, unruhig, ständig sich entwickelnd [...] die Ordnung.[23]

Dort wird das Leben in ständiger Veränderung gelebt, dort gibt es ein tägliches Sterben und Wiederauferstehen – was wir in der christlichen Welt Taufe nennen. Der dritte Raum ist der Spalt, wo etwas „passiert“, ein Raum, der erlaubt, dass etwas sickert, sich ausbreitet, verzweigt, vergrößert, um etwas anderes hervorzubringen. Was hier geschieht, verunsichert unsere Denkgewohnheiten. Es lässt uns erkennen, dass jeder arm gemachte

---

[21] A.a.O.

[22] A.a.O.

[23] Edward Soja, „Third Space“, in: Communicating in the Third Space, a.a.O. (s. Anm. 20), 54.

Mensch unser eigenes Leben mindert; es zeigt unserem Gewissen, dass jeder Flüchtling, jeder heimatlose Mensch unser Heim etwas weniger ein Heim sein lässt; es macht uns schmerzlich bewusst, dass jeder Mensch, der vom Menschenhandel betroffen ist, auch etwas von unserer Würde wegschneidet. Was hier geschieht, ist das aus den Angeln heben der Ordnung, von Organisation, nicht um Unordnung oder Desorganisation an die Stelle zu setzen, sondern um zu intervenieren, ein Stottern einzufügen, eine Pause in das Erwartete, mit anderen Worten um eine kognitive Dissonanz herzustellen, zu provozieren und damit zu evozieren und schließlich zusammenzurufen, sodass etwas anderes geschehen kann. Es muss nicht einmal etwas Neues sein, es kann auch etwas bereits Vorhandenes sein, das aber vorher nicht wahrgenommen wurde.

In der Theologie wird es Offenbarung genannt – etwas offenbaren/aufdecken, das vorher verdeckt war. Diese Räume, die Theologie zu besetzen aufgerufen ist, sind wahrlich epiphanische Räume; Orte der *parousia*, privilegierte Orte, die Gott wählt um Gottes Selbst zu offenbaren, wo das göttliche Leben im Stoff dieser Welt selbst sich verkörpert. Es sind Räume, die Gott so liebte, dass Gott Gottes Raum aufgab und ein Bewohner wurde, sodass die Raumlosen einen Raum haben mögen und die Stimmlosen eine Stimme. Und dort genau sollte die Theologie sein, immer herausfordernd, widerständig und neu definierend, hinführen zum Aufbau einer neuen Bedeutung, einer neuen Gerechtigkeitsordnung, einer neuen Identität. Die Theologie ist aufgerufen, an solchen Orten zu sein, wo es die Möglichkeit gibt zu sein und zu werden.

„Alle Randbereiche sind gefährlich. Veränderungen dieser Bereiche wirken sich auf die Gestalt der zugrundeliegenden Erfahrung aus. Jede Vorstellungsstruktur ist an ihren Rändern verletzlich“[24] Der Randbereich, d.h. die Theologie, wird entscheidend für die Frage sein, ob das Zentrum tragfähig ist. Von ihrer einzigartigen Position aus stellt sie das Zentrum infrage. Eine der Aufgaben der Theologie ist es, im Geiste Thomas' zu sondieren, herauszufordern und Tatsache zu verifizieren.[25] So ist die Theologie das Gewissen der *politeia* und der *oeconomia*. Die Wahrheit wird an der Grenze auf den Prüfstand gestellt, exakt an dem Ort der Theologie, und es ist diese Grenze, die sie definiert und neu definiert. Wie der Kürbis wagt es die Theologie, sich im Grenzbereich aufzuhalten, ihn zu überschreiten und zugleich eine Hülle zu bilden, einen sicheren Hafen für die zu sagende Wahrheit. Randbereiche, oder dritte Räume, oder Zwischenräume, sind

[24] Mary Douglas, Purity and Danger (New York: Routledge, 2002), 149–150 (hier zitiert nach: Mary Douglas, Reinheit und Gefährdung, Berlin: Reimer, 1985, 160).

[25] Klasse für Systematische Theologie an der Lutheran School of Theology in Chicago, 2001.

Orte, wo die Gefahr lauert, wo die Raubtiere herumschleichen. Aber wie Hölderlin sagt, „wo aber Gefahr ist, wächst das Rettende auch."[26] Denken Sie daran, wie die stacheligen Blätter des Kürbis die räuberischen Tiere abhalten! Aber, was am wichtigsten ist, die Kürbistheologie spendet Schatten, sodass die Erde nicht austrocknet unter der sengenden Sonne, dem Gesetz, und die Feuchtigkeit bewahrt wird, das Evangelium.

Die Welt, in der wir leben, die Erde, ist die Quintessenz der *conditio humana*. Politik, Wirtschaft und Theologie sind die wesentlichen Ordnungen dieser Welt, des *corpus mundi*. Nach Hannah Arendt gibt es drei Grundtätigkeiten unseres tätigen Lebens: Arbeiten, Herstellen, Handeln. Sie sind von grundsätzlicher Bedeutung, weil jede einer der Grundbedingungen entspricht, unter denen uns das Leben auf dieser Erde gegeben worden ist.[27] Wir sind Geschöpfe der Arbeit. Herstellen ist unserem Empfinden nach ein wesentliches Merkmal dessen, was wir sind. Es erfolgt aus Liebe zu dem, was wir tun, und gehört zu unserem inneren Empfinden unseres Wertes und unserer Würde als Ebenbilder Gottes. Unsere Werke sind von Belang, weil unser Werk teilhat an Gottes eigenem Werk in der Welt.[28] Es geht dabei auch darum, wie wir miteinander kommunizieren, mit Gott und der Welt um uns herum. Es ist mit anderen ein Zeichen unserer Verbindung zu Gott und miteinander. Wenn wir unsere Verbindung zu Gott verlieren, geht auch unsere Verbindung zu unserer Geschöpflichkeit, zur Erde, verloren.

Der Garten der drei Schwestern verhilft mir zu einer metaphorischen Fabel über die Interaktion zwischen Theologie, Politik und Wirtschaft, insbesondere was die Rolle der Theologie betrifft. Er ist ein Raum, in dem die drei nebeneinander leben und dabei nicht vergessen, wer sie sind, sondern sich aneinander anlehnen und ineinander verschränken, einander unterstützen und erhalten, um einen öffentlichen Raum zu schaffen, in dem Identität, Zweck und Bedeutung geschaffen werden.[29] Als Menschen brauchen wir solche Räume, die als Schmelztiegel dienen, das menschliche Leben neu zu imaginieren, neu zu konfigurieren und neu zu beleben, um sich in kreativer Zusammenarbeit für das Gemeinwohl einsetzen zu können, um eine andere Welt möglich zu machen. Das Thema des 500-jährigen Reformationsjubiläums lautet „Befreit durch Gottes Gnade". Ich bin der Ansicht, wir sollten uns einige Fragen stellen: Unsere politischen, theo-

---

[26] Friedrich Hölderlin, Patmos, 1803.

[27] Sie entsprechen nicht den drei Stände Luthers.

[28] Schumacher, a.a.O. (s. Anm. 9), 149.

[29] David Pfrimmer, „Stewards of the Public Commons: A Vocation for Government and Church", in: Karen L. Bloomquist (ed.), Communion, Responsibility, Accountability: Responding as a Lutheran Communion to Neoliberal Globalization, LWF Documentation 50/2004 (Geneva: The Lutheran World Federation, 2004), 235.

logischen und ökonomischen Diskurse, die Gesetze, die wir anwenden, die Beziehungen, die wir eingehen: Werden sie unseren Nächsten gerecht, den indigenen Völkern in ihren Ländern, den Nachbarstaaten? Vergewaltigen unsere Lebensweisen, unsere Produktion und unser Konsum die Erde, die uns ernährt und uns erhält? Gandhi sagte sehr richtig, dass wir lernen müssen einfach zu leben, einfach damit andere leben können. Es ist auf der Erde genug vorhanden für den Bedarf aller, aber nicht für die Gier aller.[30] Als Menschen, die befreit sind durch Gottes Gnade: Sind unsere Taten und Worte für andere befreiend? Befreien sie oder fesseln sie? Die Rolle der Theologie ist es also, zu reformieren, neu zu gestalten, neu zu konfigurieren, unsere Denkweisen, unser Leben und unseren Gottesdienst zu erneuern, sodass wir fähig werden, „den Glauben zu sehen und keine verkrüppelten Füße oder lahme Körper“[31]; sodass wir befähigt werden nicht nur herumzustehen, sondern zu springen und zu laufen.

Während wir auf der Erde leben, gehen wir ineinander über wie verschiedene Aromen während des Kochens.[32] Meine Geschichte wird ihn ihre eingehen und andere in meine. Das soll so sein. Das geschieht, wenn PET zusammenarbeiten, wie im Garten der drei Schwestern. Dann können wir auch mit Arundhati Roy sagen:

> Die Zeit ist gekommen, sagte das Walross. Vielleicht werden die Dinge schlechter und dann besser. Vielleicht gibt es einen kleinen Gott oben im Himmel, die sich für uns bereit macht. Eine andere Welt ist nicht nur möglich, sie ist auf dem Weg. Vielleicht werden viele von uns nicht hier sein, um sie zu begrüßen [...] [33]

Aber vielleicht, wenn PET zusammenarbeiten wie im Garten der drei Schwestern, dann: „an einem ruhigen Tag, wenn ich aufmerksam lausche, kann ich ihren Atem hören.“[34] Eine andere Welt ist möglich, zusammen können wir sie verwirklichen.[35]

---

[30] Siehe Martin Kopp, „Verantwortungsvolle Haushalter der Schöpfung Gottes", in: Anne Burghardt (Hrsg.) Schöpfung – Für Geld nicht zu haben (Leipzig: Evangelische Verlagsanstalt, 2016), 40.

[31] So Bischof Kameeta in seiner Predigt zum Eröffnungsgottesdienst der internationalen Konferenz „Globale Perspektiven auf die Reformation: Wechselwirkungen zwischen Theologie, Politik und Wirtschaft“, 28. Oktober 2015, Windhuk, Namibia.

[32] Salman Rushdie, Midnight's Children (Berkshire: Vintage, 1995), 38.

[33] Roy, a.a.O. (s. Anm. 2).

[34] A.a.O.

[35] Das Thema des Weltsozialforums in Montreal 2016.

Der Apfelbaum unter dem Regenbogen

Jaana Hallamaa

> Wenn jemand zu mir kommt und hasst nicht seinen Vater, Mutter, Frau, Kinder, Brüder, Schwestern, dazu auch sein eigenes Leben, der kann nicht mein Jünger sein. Wer nicht sein Kreuz trägt und mir nachfolgt, der kann nicht mein Jünger sein.
>
> Denn wer ist unter euch, der einen Turm bauen will und setzt sich nicht zuvor hin und überschlägt die Kosten, ob er genug habe, um es zu Ende zu führen, damit nicht, wenn er den Grund gelegt hat und kann's nicht zu Ende bringen, alle, die es sehen, anfangen, über ihn zu spotten, und sagen: Dieser Mensch hat angefangen zu bauen und kann's nicht zu Ende bringen?
>
> Oder welcher König zieht aus, um mit einem andern König Krieg zu führen, und setzt sich nicht zuvor hin und hält Rat, ob er mit zehntausend dem begegnen kann, der über ihn kommt mit zwanzigtausend? Wenn nicht, so schickt er eine Gesandtschaft, solange jener noch fern ist, und bittet um Frieden. So auch jeder unter euch: Wer sich nicht lossagt von allem, was er hat, der kann nicht mein Jünger sein. (Lk 14,26-33)

Was ist christliche Verantwortlichkeit? Auf welche Weise sind wir aufgerufen, Mitverantwortung zu tragen für die Probleme, die unsere Welt heute belasten? Lukas 14,26-33 ist eine Herausforderung für jene, die darüber nachdenken, Christus nachzufolgen. Nicht nur sind die Voraussetzungen für die Jüngerschaft hart – man muss bereit sein, die zu hassen, die man am meisten liebt – man soll auch innehalten und sorgfältig die Folgen dieses Schrittes überlegen. Die Entscheidung Jesus nachzufolgen sollte und kann erst nach ernsthaften Überlegungen und einer gründlichen Einschätzung der Kosten getroffen werden. Sonst könnte man dasselbe Schicksal erleiden wie jene, deren Unternehmungen fehlschlagen und die sich dem Spott der anderen ausgesetzt sehen.

Es gibt eine Vielzahl von Wegen, die Christen und Christinnen eingeschlagen haben, um der Herausforderung der Jüngerschaft zu begegnen. Die römisch-katholische Kirche betont die Rolle des Glaubens, der durch die Kirche und ihre Lehre vermittelt wird. Die Nachfolge Christi geschieht durch die Sakramente. Es sind zuerst und vor allem der Papst und die Bischöfe, die interpretieren, was das Wort Gottes erfordert und wie die Menschen heutzutage handeln müssen, wenn sie Christus nachfolgen wollen.

Der Protestantismus hat typischerweise die individuelle Verantwortung betont. Wir können der Aufgabe, die Jesus uns stellt, nicht entkommen, indem wir uns hinter den kirchlichen Autoritäten verstecken. Jede und jeder von uns muss persönlich dem Aufruf Christi antworten. Man muss Christus nachfolgen und sein Kreuz tragen, was immer es kostet. Die Betonung liegt oft auf dem Kreuz: Sieh, was Gott für dich hingegeben hat – seinen einzigen Sohn. Genauso musst auch du bereit sein, alles hinzugeben um der Nachfolge Christi willen.

Ich werde im Folgenden auf Grundlage von Lukas 14 einige Fragen erörtern im Zusammenhang mit Wirtschaft, Verantwortlichkeit und Teilhabe. Ich muss gestehen, dass ich nach mehrmaliger Lektüre diesen Text sowohl verwirrend wie auch schwierig finde. Was Jesus fordert ist so extrem, dass ich fast entsetzt darüber bin.

Die Evangelien beschreiben oft, wie Jesus die Menschen zu seiner Nachfolge auffordert. Die Begegnung mit Jesus führt gewöhnlich zu einer Aufforderung seinerseits und einer unmittelbaren Antwort der Angesprochenen. Es gibt keine Zeit zu überlegen; man muss sofort aufstehen und Jesus nachfolgen. Petrus, Jakobus und Johannes lassen ihre Netze liegen; Matthäus bzw. Levi verließ seine Tätigkeit; sie standen auf und folgten dem Ruf. In Lukas 14 beschreibt Jesus den Prozess der Nachfolge mit anderen Worten. Die Jüngerschaft sollte nicht leichtherzig angetreten werden, sondern erst nach reiflicher Überlegung – so wie wir handeln würden, wenn wir einen übergreifenden Lebensplan entwerfen müssten.

Wie steht es um Wirtschaft, Verantwortlichkeit und Teilhabe im Blick auf die Jüngerschaft Christi, und in welchem Zusammenhang stehen sie mit den Problemen, denen wir uns heute in dieser Welt gegenübersehen? Da sich dieser Aufsatz mit der Ökonomie der Nachfolge Christi beschäftigt, werde ich damit beginnen. Wir können nicht über Ökonomie, d.h. Wirtschaft, sprechen ohne auch Verantwortlichkeit mit einzubeziehen: Nur Menschen, die klug mit der Wirtschaft umgehen, verdienen es, verantwortungsvoll genannt zu werden. Verantwortlichkeit ist ebenso auch eng verbunden mit Teilhabe: Wir sind nicht nur verantwortlich für die Wirtschaftsgüter, die uns anvertraut sind, sondern auch für unsere Handlungen und ihre Folgen.

Wahre Jüngerschaft und die Ökonomie der Erlösung

Nordischen Lutheranern und Lutheranerinnen wird oft vorgeworfen, sie hätten die wahre Bedeutung des Christentums verwässert. Man wirft uns vor, wir würden uns auf irdische Dinge konzentrieren, anstatt die Botschaft der ewigen Erlösung zu verkünden. Dies wird als ein Zeichen von Unglauben angesehen, als ein Ignorieren des Herzens des Evangeliums. Sollte man sich nicht lieber auf die Mission und Evangelisation konzentrieren, anstatt auf wirtschaftliche Ungerechtigkeit und globale Erwärmung? Haben wir das Wesentliche der Ökonomie der Erlösung verloren und haben uns nun der Ökonomie des materiellen Wohlergehens zugewendet?

Ich möchte diese Kritik ernst nehmen und von Christen und Christinnen lernen, die sich auf die Erlösung als Zentrum ihres Glaubens konzentrieren. Der Zweck der Nachfolge Christi ist die Teilhabe an den Verheißungen des Evangeliums der Erlösung. Verantwortlich sein bedeutet deshalb, dass wir Christus nachfolgen müssen, um erlöst zu werden. Verantwortlichkeit beinhaltet auch die Sorge für andere: auch sie sollten erlöst werden. In dieser Perspektive besteht Teilhabe in erster Linie darin, Zeit mit anderen Gläubigen zu verbringen und Nichtgläubige zu bekehren, sodass auch sie Gläubige werden. Das Leben der Erlösten leben bedeutet, das eigene Interesse an irdischen Dingen in himmlische Anliegen zu verwandeln. Unser Leben in dieser Welt ist nur der Vorgeschmack auf die kommenden Dinge und in diesem Sinne nicht das „Wahre". Wenn wir unser Leben leben, sollten wir daran denken, dass das Beste erst noch kommt.

In dieser Perspektive sind globale Erwärmung, wirtschaftliche Problem und die Flüchtlingskrise nicht die größten Sorgen. Vielleicht liegt ihre wahre Bedeutung nicht in der Notwendigkeit, eine Lösung für sie zu finden. Viele Christen und Christinnen sehen in den globalen Problemen apokalyptische Zeichen der nahenden „letzten Tage", anstatt sie als aktuelle Probleme zu erkennen, mit denen umzugehen ist. Für solche Christen und Christinnen bedeutet die Ökonomie der Erlösung sich vorzubereiten auf die letzte Schlacht zwischen Christus und dem Teufel.

Websites wie „Rapture Insurance" und „You've been left behind" zufolge erfordert wahre Jüngerschaft zuerst und vor allem Bekehrung. Dann sollte man Konserven und andere Essensvorräte horten. Darüber hinaus werden Christen und Christinnen aufgerufen, ihr Vermögen in Silbermünzen und Goldbarren umzutauschen, weil diese wahrscheinlich ihren Wert bei schwankenden Finanzmärkten behalten. All dies sollte getan werden in Vorbereitung auf die Zeit der Verfolgung, die Christen und Christinnen in naher Zukunft bevorsteht.

Diese Betonung der „wahren christliche Botschaft" von der Erlösung, der sich die wahren Gläubigen nach ihrem Tod und der Zerstörung dieser

Welt erfreuen werden, hat seltsame Folgen: alles Aufgeben um Jesus willen beinhaltet die Verpflichtung, sich mit Silber und anderen materiellen Gütern auszurüsten, um auf die Prüfungen der Apokalypse vorbereitet zu sein. Was mit dem Rest der Menschen und der Welt geschieht, hat wenig Bedeutung. Diejenigen, die sich nicht bekehren, fallen dem Satan anheim, um in alle Ewigkeit Qualen zu erleiden, ein Schicksal, das sie verdienen.

Diese Betonung der himmlischen Erlösung ist moralisch bedenklich. Die Konzentration auf das ewige Leben führt zu einer sehr eingeschränkten Sicht der Nächstenliebe. Die materiellen Sorgen von Milliarden von Menschen, sowie Ungerechtigkeit, Armut und ähnliche Missstände werden nicht beachtet, da im Fokus die eigene Seele steht und danach vielleicht noch die Pflicht, andere zu bekehren, damit sie die Ränge der kleinen Herde der auf ewig Gesegneten füllen. Da ist kein Raum für Mitleid mit den Leidenden und noch weniger für die Verbesserung ihres Loses. Die Konzentration auf die eigene Erlösung führt daher nur zu einer extremen Engstirnigkeit und Selbstbezogenheit. Die Verheißung des Evangeliums wird verkleinert auf die Sorge um das eigene ewige Geschick.

Selbst eine kurze Analyse dieses Typs einer Ökonomie der Erlösung zeigt, wie oberflächlich sie ist. Sie verkleinert die frohe Botschaft des Christentums auf eine kleinliche Investition in ein persönliches Selbstinteresse. Verantwortlichkeit wird herabgestuft auf die Sorge um die eigene Erlösung und die Vorbereitung auf eine Zeit materieller Knappheit.

Imitatio Christi als eine Ökonomie des Glaubens

Die Sorge um das Schicksal der eigenen Seele scheint kein verantwortungsbewusste Weise zu sein, ein christliches Leben zu führen. Wir müssen die Perspektive wechseln, von uns selbst auf Christus. Da Christus unser höchstes Beispiel für Glauben und Treue ist: Können wir der Aufgabe, verantwortlich zu sein, gerecht werden, indem wir fragen, was Jesus tun würde? „Was würde Jesus tun?“ war der Slogan einer aus den USA kommenden Bewegung in den 1990er Jahren, die das Ziel hatte, jungen Christen und Christinnen dabei zu helfen herauszufinden, wie sie ein christliches Leben führen könnten und wie sie in schwierigen Situationen handeln sollten.

Die Frage, was Jesus tun würde, ist eine moderne Version der *imitatio Christi*, der Nachfolge Christi, indem man durch Nachahmung wird wie er. Hier besteht die Ökonomie des Glaubens darin, diese Frage zu stellen, um Schwierigkeiten zu überwinden, denen man in seinem eigenen Leben begegnet. Die eigene Fähigkeit, sich an dem Prinzip „Was würde Jesus tun“ zu orientieren, würde dann als Verantwortlichkeit gelten, und das Zusammengehen mit Gleichgesinnten könnte als christliche Teilhabe betrachtet werden, die in Jüngerschaft und dem Tragen des eigenen Kreuzes den Höhepunkt erlangt.

Was würde Jesus hinsichtlich wirtschaftlicher Ungerechtigkeit tun? Wir können in die Bibel schauen, um Antworten darauf zu finden, aber es gibt noch andere Problem, die schwieriger zu lösen sind. Was ist mit der globalen Erwärmung, der Benutzung des Internets, der Verbreitung multinationaler Konzerne und so weiter? Sollen wir solche Themen ignorieren oder können wir auf unser Bestreben wie Christus zu werden vertrauen bei der Findung der richtigen Antwort? Wie können wir die Antworten, die wir durch die „Was würde Jesus tun?"-Methode gefunden haben, anderen vermitteln, die unsere religiösen Überzeugungen nicht teilen?

Christus nachfolgen und dem Wort Gottes die Treue bewahren sind Grundpfeiler des evangelikalen Christentums. Ähnlich wie der Slogan „Was würde Jesus tun" waren sie oft genug parodistisches Material für Komiker, statt zentraler Merkmale des christlichen Lebens. Nachfolge Christi bedeutet fromme Selbstprüfung, nicht kraftstrotzende und effektvolle öffentliche Aktivität. Das Bestreben in Einklang mit dem Wort Gottes zu leben geht oft einher mit einem besonderen Interesse an Sexualethik und nicht so sehr mit einem unstillbaren Verlangen nach Gerechtigkeit oder einem aufmerksamen Bewusstsein für die schädlichen Folgen menschlicher Handlungen für die Natur.

„Was würde Jesus tun?" ist keine parodistische Frage und sollte dies auch nicht sein für uns Lutheraner und Lutheranerinnen. Trotzdem ist sie nicht ganz die Art und Weise, wie man Fragen nachgehen sollte. Die traditionelle lutherische Art und Weise, mit moralischen Problemen und politischen Themen umzugehen, folgt den Richtlinien der Zwei-Reiche-Lehre. Die ethischen Ideale des Neuen Testaments, insbesondere wie sie in der Bergpredigt formuliert sind, übersteigen die Möglichkeiten und Realitäten unserer sündhaften Welt. Als Christen und Christinnen sollen wir mit selbstloser Liebe handeln, aber als mit verschiedenen Funktionen und Aufgaben in der Gesellschaft Betraute müssen wir – in den meisten Fällen – dem Gesetz gehorchen und die Ordnung aufrechterhalten.

Unsere Tradition hat uns dahingebracht, dass wir denken, Nächstenliebe sei hauptsächlich dazu da, individuelle Nöte in Krisensituationen zu lindern. Anstand, sich an traditionelle Lebens- und Denkweisen halten – und nicht Radikalität und Bewusstsein für moralische Probleme – waren charakteristische Merkmale, die man mit der lutherischen Version der Nachfolge Christi assoziiert hat. Wirtschaft, Verantwortlichkeit und Teilhabe klingen traditionell in unseren Ohren wie politische und nicht wie religiöse Begriffe.

Ressourcen der Jüngerschaft

Ist das wirklich alles, was wir anzubieten haben für eine Ökonomie der Jüngerschaft, Verantwortlichkeit des Glaubens und Teilhabe am Leiden der Welt? Um wirtschaftliche Verantwortung übernehmen zu können, brauchen wir Ressourcen, und es ist zuallererst und vor allem der Gebrauch von Ressourcen, der das Kriterium für Verantwortlichkeit abgibt. Werfen wir einen Blick darauf, welche Art von Ressourcen uns unsere Tradition zu bieten hat.

Der britische Moralphilosoph Jonathan Glover hat in seinem beeindruckenden Buch *Humanity: A Moral History of the Twentieth Century* ein Konzept der moralischen Ressourcen entworfen. Unter moralischen Ressourcen versteht er Denk- und Handlungsweisen, die uns vor bösen Handlungen, niederträchtigem Verhalten und Gedankenlosigkeit bewahren. Moralische Ressourcen bieten dem Denken und Handeln eine Grundlage in kritischen Situationen, in denen der moralische Kompass, den wir gewöhnlich bei unseren Überlegungen benutzen, nicht gut funktioniert.

Ich möchte nun etwas aus unserem gemeinsamen Schatz hervorholen. In seinem „Großen Katechismus" sagt uns Luther, wir sollten jeden Tag, immer und immer wieder, die drei grundlegenden Glaubenstexte lesen, d.h. das Apostolische Glaubensbekenntnis, die Zehn Gebote und das Vaterunser. Wir haben dazu noch die Sakramente und die liturgischen Gottesdienste. Die grundlegenden Texte und die christlichen Rituale sind moralische Ressourcen, die uns von der lutherischen Tradition gegeben worden sind für christliche Ökonomie, Verantwortlichkeit und Teilhabe; ich glaube nicht, dass wir woanders noch nach ihnen suchen müssen. Ich hoffe, dass wir in diesen Ressourcen die Hilfe finden, die wir benötigen, um den Herausforderungen der christlichen Jüngerschaft und den extrem schwierigen Forderungen, die in Lukas 14 gestellt werden, begegnen zu können.

Die Zehn Gebote werden oft als eine Liste grundlegender moralischer Prinzipien präsentiert. Als Jesus gefragt wurde, was das höchste Gebot im Gesetz sei (Mt 22,37–40), zitierte er nicht einfach den Dekalog, sondern sagte, man solle Gott lieben von ganzem Herzen, von ganzer Seele, und von ganzem Gemüt, und seinen Nächsten wie sich selbst. Luther gibt dieselbe Antwort, indem er betont, dass das erste Gebot das wichtigste ist: Ich bin der Herr, dein Gott. Du sollst nicht andere Götter haben neben mir.

Von den Zehn Geboten wird oft gesagt, sie enthielten universelle moralische Regeln. Wie kann dies in Einklang gebracht werden mit der Auffassung, dass das erste Gebot der Kern und das Herz des Dekalogs ist? Nach Luther haben wir immer einen Gott, dem wir dienen und nach dem wir unser Leben ausrichten. Das Kriterium dafür, wer unser Gott ist, ist nicht unser Glaubensbekenntnis, die Werte und Prinzipien, die wir mündlich bekennen, sondern was wir tun und wie wir leben. Wir finden das Kriterium für das Einhalten des ersten Gebotes in Matthäus 25:

> Wenn aber der Menschensohn kommen wird in seiner Herrlichkeit und alle Engel mit ihm, dann wird er sich setzen auf den Thron seiner Herrlichkeit, und alle Völker werden vor ihm versammelt werden. Und er wird sie voneinander scheiden, wie ein Hirt die Schafe von den Böcken scheidet, und wird die Schafe zu seiner Rechten stellen und die Böcke zur Linken.
>
> Da wird dann der König sagen zu denen zu seiner Rechten: Kommt her, ihr Gesegneten meines Vaters, ererbt das Reich, das euch bereitet ist von Anbeginn der Welt! Denn ich bin hungrig gewesen und ihr habt mir zu essen gegeben. Ich bin durstig gewesen und ihr habt mir zu trinken gegeben. Ich bin ein Fremder gewesen und ihr habt mich aufgenommen. Ich bin nackt gewesen und ihr habt mich gekleidet. Ich bin krank gewesen und ihr habt mich besucht. Ich bin im Gefängnis gewesen und ihr seid zu mir gekommen.
>
> Dann werden ihm die Gerechten antworten und sagen: Herr, wann haben wir dich hungrig gesehen und haben dir zu essen gegeben? Oder durstig und haben dir zu trinken gegeben? Wann haben wir dich als Fremden gesehen und haben dich aufgenommen? Oder nackt und haben dich gekleidet? Wann haben wir dich krank oder im Gefängnis gesehen und sind zu dir gekommen? Und der König wird antworten und zu ihnen sagen: Wahrlich, ich sage euch: Was ihr getan habt einem von diesen meinen geringsten Brüdern, das habt ihr mir getan. (Mt 25,31–40)

Es ist ziemlich erstaunlich, dass das Kriterium für die Erfüllung des ersten und wichtigsten Gebotes nicht eine Liste von Zeichen der Frömmigkeit und eine Definition des orthodoxen Glaubens ist, sondern vielmehr eine Beschreibung von einfachen Taten der Nächstenliebe. In der Geschichte bei Matthäus wissen die Gesegneten nicht einmal, dass sie den Willen Gottes erfüllt haben und dadurch Willkommen im ewigen Reich Gottes sind. Die Aufgabe der Kostenberechnung der Nachfolge Christi scheint in der Tat sehr schwer lösbar zu sein, da die normalen Kriterien der Preisbestimmung hier nicht zu gelten scheinen.

Durch Christus erlöst zu sein wird oft so dargestellt, dass es wie etwas sehr Besonderes und Außerordentliches klingt. Und es mag auch in der Tat so sein. Christen und Christinnen sind in dieser Welt, aber nicht von dieser Welt. Das Bewusstsein, erwählt und dadurch etwas Besonderes zu sein, kann Christen und Christinnen dafür anfällig machen, sich von anderen zu isolieren, wie es Jesus in seinem Gleichnis von den zwei Besuchern des Tempels, dem Pharisäer und dem Zöllner, darstellt (Lk 18,9–14). Im Zentrum der Frömmigkeit des Pharisäers stand, wie in der Geschichte beschrieben, die Zufriedenheit damit, nicht wie der Zöllner zu sein, sondern wohlgefällig in den Augen Gottes. Dieses Hervorheben der eigenen Stellung bei Gott kann sogar soweit führen, dass wir gegen das erste Gebot verstoßen. Es ist nicht Gott, sondern der Unterschied zwischen uns und den anderen, auf den wir uns konzentrieren und den wir in den Mittelpunkt unseres Glaubens stellen.

Wir sind nicht wie die Erwählten des Jüngsten Gerichts, wie in Matthäus 25 beschrieben, deren Begegnung mit Christus ihnen nicht bewusst war. Wir sind stattdessen in der Lage des Petrus, der behauptete, anders als alle anderen zu sein: „Wenn auch alle anderen Christus verleugneten, würde er es nicht tun, nicht einmal in Todesgefahr. Es ist sehr leicht, der Täuschung des Petrus anheimzufallen, *etiam si omnes, ego non,* selbst wenn alle anderen, ich nicht (Mt 26,33).

Sich selbst vom allgemeinen menschlichen Zustand auszunehmen, verstößt gegen die zentralen Grundpfeiler des christlichen Glaubens. Wir sollten uns nie losgelöst vom Rest der Schöpfung sehen. Das erste, was wir im Glaubensbekenntnis bekennen, ist, dass Gott der Vater ist, der Gebende, die Quelle von allen und allem. Unsere besondere Stellung beruht auf den göttlichen Gaben, mit denen Gott, der Schöpfer, frei und liebend die Geschöpfe beschenkt, all jene, die miteinander verbunden sind, weil sie Teil der Schöpfung sind. Indem wir Gott als den Schöpfer aller Dinge würdigen, würdigen wir auch, was Gott in der Genesis bekräftigt: Und Gott sah, dass es gut war (Gen 1).

Die Schöpfung ist grundsätzlich gut, das macht sie zu einer Gabe nicht nur für uns, sondern für alle. Die vorgegebene Vollkommenheit von Gottes Werken verpflichtet uns auch, ihr Gutsein zu achten und wertzuschätzen. Mit Freude und Dankbarkeit können wir die Schöpfungsgaben empfangen, selbst inmitten von Unvollkommenheit und Sünde.

Es gibt Sünde, und wir sollten das nicht vergessen. Das „aber“ der Sünde taucht sehr schnell in der Diskussion auf, wenn wir dem Erbe der Reformation treu sind. Die Sünde wirft nicht nur einen Schatten auf unsere Existenz, sondern bildet auch eine undurchdringliche Mauer von Hindernissen zwischen der Vollkommenheit der Schöpfung und unserem gegenwärtigen Zustand. Wegen der Sünde ist alles verdorben und verkommen.

Wie weit sollen wir gehen in unserer Charakterisierung der Wirkungen der Sünde? Die Betonung der sündhaften Natur unseres weltlichen Lebens, verletzt sie nicht einen der Grundsätze unseres Glaubens? Die Sünde, die alles überdeckt, repräsentiert das perverse Reich von Gottes Widersacher. Wenn wir uns allzu sehr auf die sündhafte Natur unserer Wirklichkeit konzentrieren, feiern wir damit nicht eigentlich den Teufel und seine Werke anstatt die Größe Gottes?

Das Glaubensleben wird oft als „fromm“ gekennzeichnet, und Frömmigkeit wird mit Abstinenz und Selbstverleugnung identifiziert. Sie gelten als Zeichen dafür, dass man sein Kreuz trägt und Jesus nachfolgt. Aufkündigen, was die Menschen natürlicherweise wertschätzen und woran sie sich erfreuen, wird als der Preis angesehen, den wahre Christen und Christinnen bezahlen für ihre Treue zum göttlichen Ruf. Und dem wird noch mehr Nachdruck verliehen, indem man uns daran erinnert, wie viel Ungerechtigkeit und Ungleichheit es gibt. Wie können wir die vollklimatisierten Annehmlichkeiten eines guten Hotels genießen, wenn Millionen unserer Nächsten ihr ganzes Leben ohne eine anständige Behausung verbringen müssen? Wie viele Tonnen CO^2 werden produziert aufgrund der internationalen Treffen, zu denen Lutheraner und Lutheranerinnen aus verschiedenen Teilen der Welt zusammenkommen?

Alles in allem führen solche Fragen nirgendwohin. Sie klingen korrekt und fromm aber helfen nicht wirklich, irgendetwas zu verändern. Trotzdem zeigen sie, wie wir durch Sünde beeinträchtigt sind, die die zentrale Anti-Ressource in unserem Leben ist. Eine ihrer perversen Wirkungen ist, dass wir an ihr „festkleben". „Aber wir sind Sünder und Sünderinnen" ist ein Gegenargument, das jeden konstruktiven Vorschlag zu Fall bringen kann. Es ist leicht, sich von der eigenen Sündhaftigkeit lähmen zu lassen. Wir können sogar eine perverse Freude daran finden, über unsere verdorbene Natur zu jammern, über unsere Unfähigkeit, irgendetwas Gutes zu erreichen. Das ist ein fast so häufiger Effekt der Sünde wie das Bestreben sich den Sünden unserer Nächsten zu widmen.

Wir wissen, dass die Gnade das Gegenmittel gegen die Sünde ist. Es ist typisch für viele Kirchen und Denominationen der reformatorischen Tradition, dass sie die Wirkungen der Gnade und die erneuernde Kraft des Heiligen Geistes feiern: Christen und Christinnen repräsentieren das Volk Gottes, und sie unterscheiden sich wirklich von der sündhaften Welt. Wir Lutheraner und Lutheranerinnen sind nichtsdestotrotz und auch typischerweise in dieser Hinsicht nicht so zuversichtlich wie viele unserer Mitchristen und Mitchristinnen – der berühmte Grundsatz *simul iustus et peccator* erinnert uns daran. Statt zu behaupten, dass wir uns vom Rest der Menschheit unterscheiden, betonen wir die Ähnlichkeit. Wir sind alle aneinander gebunden durch eine Doppelbindung, an die Schöpfung und gleichermaßen an den Sündenfall. Unser Weg zur Gnade geht nicht so sehr geradewegs durch die exaltierte Pfingsterfahrung als durch die Verheißungen der Taufe und das immer wiederkehrende Sündenbekenntnis.

Das Sündenbekenntnis als Teil unserer Liturgie wird oft als ein geringes und unbedeutendes Detail angesehen, zumindest in meinem Teil der lutherischen Welt. Ich glaube, dass wir hier irren. Dieses liturgische Element ist in Wahrheit ein mächtiges Instrument in unserer Sammlung moralischer Ressourcen. Das Sündenbekenntnis setzt das erste Gebot in Parallele zu dem ersten Teil des Glaubensbekenntnisses. Es gibt keine Ausnahme zu unserem Einbezogensein in die allgemeine menschliche

Sündhaftigkeit. Wir, ich und du, liegen in den Banden der Sünde, und da sind wir zusammen mit der übrigen Menschheit.

Das Bekenntnis der Sünden ist wesentlich eine Anerkenntnis der Tatsachen. Es gibt kein Entkommen, kein „aber, aber, aber“ als Entschuldigung. Die Anerkenntnis der Tatsachen wird durch das Sündenbekenntnis bekräftigt, das uns in zweifacher Weise bloßstellt: Wir sind schuldig vor unseren Nächsten und vor Gott.

Dem Sündenbekenntnis folgt ein verurteilender Satz, keine Verharmlosung des Geschehenen und Aufzählung mildernder Umstände. Es ist keiner da, der sagt, dass es nicht zählt und vergessen werden kann. Nein, es zählt und kann nicht vergessen werden. Vielmehr müssen wir uns der Sünde stellen. Aus diesem Grund ist die Gnade in der Gestalt der Vergebung der Sünden kein Verband, der eine Wunde bedeckt, aber nicht heilt. Gnade in der Gestalt der Vergebung ist Barmherzigkeit für die Schuldigen, die befreit werden.

Wir werden befreit, fortwährend und immer und immer wieder. Befreit, nicht um Konserven, Silbermünzen und Goldbarren für die Apokalypse zu horten, sondern um einen Apfelbaum zu pflanzen. Der Spruch: „Wenn ich wüsste, dass morgen die Welt unterginge, würde ich heute noch ein Apfelbäumchen pflanzen“, ist nicht von Luther, aber er ist ein sehr lutherischer Slogan. Er bindet die Schöpfung und die Apokalypse aneinander. Er bekräftigt, dass die Werke Gottes gut sind, und die menschliche Arbeit Wert hat. Er eröffnet eine Perspektive, durch die dieser Tag und der letzte zusammenkommen: Gottes Zukunft erfüllt die Stunde, die uns jetzt gegenwärtig ist.

Was hat das alles mit Wirtschaft und Verantwortlichkeit zu tun? Wo ist die Verbindung zu der Herausforderung, Jesus nachzufolgen, mit der ich begann? Die Ökonomie des Apfelbaums läuft nicht darauf hinaus, Verantwortung zu übernehmen wie Asketen, die sich heroisch selbst aufopfern, oder wie sich selbst verleugnende Missionare. Die Ökonomie des Apfelbaums redet die Not der Armut und Ungleichheit nicht klein oder schmälert ihre Bedeutung. Sie bietet keine wundersame Lösung der schwerwiegenden Probleme des Klimawandels, denen wir uns Tag für Tag immer mehr ausgesetzt sehen.

Die Ökonomie des Apfelbaums nimmt uns in die Verantwortung als von Gott geschaffene und erlöste Menschen. Wir teilen die Gabe des Lebens, die Wirklichkeit der Sünde und die Verheißung einer kommenden Welt mit allen Menschen auf der Erde. Wir haben die Mittel des Glaubens, um Christus nachzufolgen, der das Kreuz für uns auf sich genommen hat. Das Kreuz ist der Apfelbaum der Liebe, über dem die Verheißungen Gottes leuchten wie der Regenbogen der Hoffnung für Noah und seine Familie (Gen 9,17).

Kirchengemeinschaft und wechselseitige Rechenschaft

Stephanie Dietrich

Einleitung

Meine folgenden Bemerkungen zum Thema Kirchengemeinschaft und wechselseitige Rechenschaft mache ich vor dem Hintergrund meiner Erfahrungen mit multilateralen Dialogen in der Kommission für Glauben und Kirchenverfassung des Ökumenischen Rates der Kirchen und mit weltweiten und regionalen bilateralen Dialogen, an denen der Lutherische Weltbund (LWB) und meine eigene Kirche, die Norwegische Kirche, beteiligt sind. Meiner Erfahrung nach ist es sehr viel einfacher ein gewisses Maß an Übereinstimmung in Lehrfragen in einem bilateralen Dialog zu erreichen. Eine lutherische Kirche zu repräsentieren, wie die Norwegische Kirche, oder den LWB, als eine Konfessionsfamilie, zwischen deren Mitgliedskirchen Kanzel- und Abendmahlsgemeinschaft besteht (d.h. Kirchengemeinschaft nach lutherischem Verständnis), ist ein guter und solider Ausgangspunkt in vielen ökumenischen Begegnungen. Denn von vielen traditionellen Kirchen wie den Orthodoxen Kirchen und der römisch-katholische Kirche, die dazu neigen, den reformatorischen Kirchen mit einem gewissen Maß an Misstrauen zu begegnen, scheint die lutherische Tradition oft eher als „akzeptabler" Dialogpartner wahrgenommen zu werden.

Die Teilnahme an lutherischen Zusammentreffen im Rahmen des LWB fühlt sich ein bisschen an, wie nach Haus zu kommen, wie die Rückkehr zur eigenen Familie. Das könnte ein möglicher weiterer Ansatz zum Thema „Kirchengemeinschaft und wechselseitige Rechenschaft" sein: Leben in der lutherischen Kirchengemeinschaft als LWB-Familienleben.

Grenzen und Chancen der Familienmetapher

Die meisten von uns haben ihre Familie nicht ausgewählt; sie ist uns vorgegeben. Die meisten von uns haben auch ihre Kirchenzugehörigkeit nicht ausgewählt. Die meisten Kirchenmitglieder werden in Familien hineingeboren, die einer bestimmten Kirchentradition und einem spezifischen kirchlichen Kontext angehören. Die Konversion zu einer anderen Kirchentradition könnte so empfunden werden, als würde man „seine Mutter austauschen", was man gewöhnlich nicht tut, selbst wenn es schwerwiegende Probleme in der Beziehung zu ihr gibt. In Kontexten wie dem nordischen oder in traditionell „lutherischen Ländern" waren seit der Reformation Staatsbürgerschaft und Kirchenmitgliedschaft zu einem großen Teil deckungsgleich. Das hat sich in den letzten Jahrzehnten radikal geändert, auch im nordischen Kontext.

Trotz der offensichtlichen Grenzen der Anwendung der „Familien"-Metapher auf das Leben in einer Kirchengemeinschaft und im vollen Bewusstsein, dass Familien weit davon entfernt sind, ideale Gebilde oder Orte zu sein, werde ich in diesem Aufsatz einige Aspekte der Familienmetapher diskutieren, weil sich daran gut aufzeigen lässt, was es bedeutet, ein Mitglied des LWB zu sein. Obwohl Familien manchmal auch Orte von Missbrauch und Instabilität sind, sind sie doch auch oft, und sollten es auch sein, Orte, die ein Gefühl von Zugehörigkeit vermitteln, wo es starke Bande der gegenseitigen Unterstützung und der wechselseitigen Rechenschaft gibt.

Ein Aspekt der Familienmetapher, den ich hilfreich finde, auch im Kontext der weltweiten lutherischen Familie, ist der, dass Familien durch ihre gemeinsame Geschichte miteinander verbunden sind. Familien sind auch dann noch Familien, wenn sie in großen Schwierigkeiten stecken. Familienmitglieder sind verpflichtet, einander beizustehen. Und schließlich, um auf das Bild einer Mutter zurückzukommen: die eigene Mutter ist einem gegeben, normalerweise tauscht man sie nicht aus. So gesehen, ließe sich auch sagen, die lutherische Kirche ist „meine Mutter", und deshalb bin ich Teil der Kirchengemeinschaft des LWB. Das bedeutet auch, dass ich mich für ihr Wohlergehen einsetzen und alles in meiner Macht Stehende tun muss, um sie zu einem guten Ort des Lebens und der gegenseitigen Unterstützung zu machen.

Für viele Menschen ist die Familie der Ort einer konstanten, engen Verbundenheit und tiefen Beziehung zu anderen Menschen, die sich um einen kümmern und um die man sich kümmert, egal ob man sie persönlich mag oder nicht. Meiner Ansicht nach ist der wichtigste Aspekte des Lebens in einer Familie, dass man verpflichtet ist, miteinander auf verantwortungsvolle und verlässliche Weise umzugehen. Sowohl in einer menschlichen Familie als auch in einer Kirchenfamilie beinhaltet das Mitgliedsein also gemeinsame Verantwortung und wechselseitige Rechenschaftsplicht.

Was bedeutet es, dass der LWB nicht nur ein Verband oder eine Föderation von Kirchen, sondern eine Kirchengemeinschaft ist? Es ist wichtig, sich den tiefgreifenden Wandel im Selbstverständnis des LWB ins Gedächtnis zu rufen, als die LWB-Vollversammlung in Curitiba im Jahr 1990 diese ausdrückliche Veränderung ihres Selbstverständnisses beschloss.[1] Der Übergang von einem Zusammenschluss zu einer Kirchengemeinschaft hatte bedeutende Folgen, sowohl für uns als auch für unsere Kirchen und für unsere Beziehungen in der Ökumene.

Es lohnt sich also, darüber nachzudenken, was es bedeutet, eine Kirchengemeinschaft zu sein, und auf welche Weise dies unser kirchliches Selbstverständnis und Zusammenleben beeinflusst. Martin Junge weist auf Folgendes hin:

> Seit seiner Entstehung hat der LWB spürbar an ekklesialer Dichte zugenommen. Dies ist erkennbar in seinen Strukturen wie seiner Praxis, seinen grundlegenden Texten und Leitungsstrukturen sowie in der Art und Weise, wie er seine gemeinsamen Tagungen, die Zusammenarbeit und auch das Miteinanderfeiern gestaltet.[2]

Um noch besser zu verstehen, was es bedeutet, eine Kirchengemeinschaft zu sein, bedarf nun das Konzept der „ekklesialen Dichte“ einer näheren Betrachtung.

Die lutherische Kirchengemeinschaft – Gabe und Aufgabe

Das Studiendokument *Das Selbstverständnis der lutherischen Kirchengemeinschaft* stellt die lutherische Kirchengemeinschaft sowohl als Gabe als auch als Aufgabe dar. Die Gabe liegt in der Einheit Christi, gründet in der apostolischen Tradition und findet ihren Ausdruck im wechselseitigen Lernen und Miteinander-Teilen der Sakramente. Diese Einheit wird als Einheit in versöhnter Verschiedenheit verstanden. Beide Begriffe, „Einheit“ und „versöhnte Verschiedenheit“ müssen präzise definiert werden. Was meinen wir mit versöhnt? Wo sind die Grenzen der Verschiedenheit? Was meinen wir mit Einheit? Einheit ist mehr als ein bloßes Übereinkommen in

---

[1] Siehe „Verfassung des Lutherischen Weltbundes“, unter https://de.lutheranworld.org/sites/default/files/documents/Constitution DE final.pdf:

[2] Martin Junge, „Vorwort“, in: Das Selbstverständnis der lutherischen Kirchengemeinschaft. Ein Studiendokument (Genf: Lutherischer Weltbund, 2015), 5. https://www.lwfassembly.org/sites/default/files/resources/dtpw-self-understanding_communion_2015_de.pdf.

Lehrfragen und schließt nicht notwendigerweise eine strukturelle Einheit ein. Nichtsdestotrotz erfordert Einheit Sichtbarkeit in einem gemeinsamen Leben und in wechselseitiger Rechenschaft.

Unsere Kirchengemeinschaft ist eine Aufgabe, denn sie fordert uns heraus, diese Gemeinschaft in allen Aspekten des Lebens zu leben – sowohl in der Kirche als auch in der Welt. Kirchengemeinschaft ist nicht einfach nur eine Idee. Sie „soll historisch greifbar, sichtbar und für die Welt erkennbar sein“[3]. Dies schließt auch den Dienst an der Welt ein, die Diakonie. Diese „ist integraler Bestandteil unserer Identität und eint uns im Leben der Kirchengemeinschaft“[4]. Meiner Ansicht nach hat die lutherische Kirchengemeinschaft die Aufgabe, immer wieder zu erklären, warum wir Diakonie als wichtigen Aspekt und integralen Bestandteil unserer Identität ansehen. Dies ist insbesondere von Bedeutung angesichts der Tatsache, dass das reformatorische Erbe mit seiner Betonung der Rechtfertigung allein aus Glauben manchmal zu einer Verengung unseres theologischen Selbstverständnisses geführt hat.

Die ökumenischen Errungenschaften der bilateralen Dialoge und Übereinkünfte, die mit der römisch-katholischen Kirche zu diesen Themen erzielt wurden, zeigen, dass es eine grundsätzliche Übereinstimmung zwischen unseren Traditionen über die Notwendigkeit gibt, Rechtfertigung und Heiligung zusammenzuhalten. Dies kann hilfreich sein hinsichtlich der Entwicklung eines neuen Selbstverständnisses innerhalb der lutherischen Kirchengemeinschaft. Darüber hinaus müssen die Errungenschaften des lutherisch-orthodoxen Dialogs, in denen der Zusammenhang zwischen Rechtfertigung, Heiligung und Vergöttlichung betont wird, beachtet werden. Die LWB-Publikation *Diakonie im Kontext*[5] weist darauf hin, dass die Identität der Kirche wesentlich eine diakonische ist. Nach lutherischem Verständnis ist Diakonie eines der Kennzeichen der Kirche.

> Somit ist die Diakonie immanentes Element des Wesens der Kirche und kann nicht darauf reduziert werden, nur Aktivität bestimmter engagierter Personen oder notwendige Reaktion auf äussere soziale Gegebenheiten zu sein. Sie bezieht sich zutiefst auf das, was die Kirche in ihrer Liturgie feiert und in ihrer Verkündigung predigt. Auf gleiche Weise beziehen sich Liturgie und Verkündigung auf die Diakonie.[6]

---

[3] A.a.O., 12.

[4] A.a.O.

[5] Kjell Nordstokke (ed.), Diakonie im Kontext: Verwandlung, Versöhnung, Bevollmächtigung. Ein Beitrag des LWB zu Verständnis und Praxis der Diakonie (Genf: Lutherischer Weltbund, 2009). https://www.lutheranworld.org/sites/default/files/DMD-Diakonia-DE-low.pdf.

[6] A.a.O., 29.

Das Leuenbergmodell: Kanzel- und Abendmahlsgemeinschaft

Die Benennung der zentralen Aspekte der Kirchengemeinschaft mit dem Begriff der Kanzel- und Abendmahlsgemeinschaft ist nicht neu. Bekanntlich verwendet auch die Leuenberger Konkordie aus dem Jahr 1973 diese Bezeichnung. Dabei unterscheidet die Konkordie zwischen der Übereinstimmung in der rechten Lehre des Evangeliums und der Verwirklichung dieser Kirchengemeinschaft durch die Gemeinsamkeit in Zeugnis und Dienst an der Welt. Die Leuenberger Kirchengemeinschaft – die sich heute als Gemeinschaft Evangelischer Kirchen in Europa (GEKE) bezeichnet – hat über viele Jahre versucht, ihr Selbstverständnis zu erkunden, als eine Gemeinschaft mit Kanzel- und Abendmahlsgemeinschaft, die einer Gemeinschaft von durch die Reformationszeit geprägten Kirchen angehört. Die Konkordie ist das Gründungsdokument der GEKE, der mehr als 100 zumeist europäische Kirchen angehören. Ohne im Detail auf die theologische Grundlage dieser Übereinkunft einzugehen, ist es nichtsdestotrotz interessant, die Diskussionen innerhalb der GEKE hinsichtlich ihres Selbstverständnisses als eine Kirchengemeinschaft zu verfolgen. Die Übereinstimmung in der Lehre ist die Grundlage der Kanzel- und Abendmahlsgemeinschaft; sie führt zur Gemeinschaft und Zusammenarbeit. Dennoch muss diese Gemeinschaft mit Leben erfüllt und in der Welt sichtbar werden, damit sie eine Bedeutung im Leben der Kirchen gewinnen kann. Sie muss sich verwirklichen in wechselseitiger Rechenschaft, gemeinsamer Verpflichtung, Studienprozessen, im gelebten Leben und in der kirchlichen Praxis – sonst wäre sie nur ein Stück Papier. Die Gemeinschaft muss eine sichtbare und gelebte Gemeinschaft sein, in dem einen oder dem anderen Sinne. In den letzten Jahren hat die GEKE ein Verständnis von Gemeinschaft als Gottesdienstgemeinschaft und die Berufung zu Zeugnis und Dienst in der Welt betont. Die Erklärung der Kirchengemeinschaft muss Hand in Hand gehen mit ihrer lebendigen Verwirklichung in unseren Gesellschaften. Dies gilt für die GEKE und den LWB gleichermaßen.

Solange es keine wirkliche Verpflichtung gibt, zusammen zu leben und zu arbeiten, ist die Wirkung einer Übereinkunft über Lehrfragen ziemlich begrenzt. Innerhalb der GEKE hat eine Reihe von Kirchen, insbesondere Minderheitenkirchen, ein stärkeres Leitungsorgan, und selbst eine Entscheidungsinstanz wie etwa eine Synode, gefordert und fordert es auch heute noch. Als Vertreterin der Norwegischen Kirche im Präsidium der GEKE von 2006 bis 2012 würde ich gerne auf einige Gründe hinweisen, warum die Idee einer europäischen, protestantischen Synode keinen Sinn zu machen schien. Einer der Gründe für diese Skepsis ist die Überzeugung, dass die Zugehörigkeit zu einer Gemeinschaft von Kirchen primär eine moralische und keine rechtliche Verpflichtung mit sich bringt. Bindende Strukturen können sicherlich manchmal hilfreich sein, aber letztlich wird Gemeinschaft zur lebendigen Gemeinschaft nur durch das Engagement ihrer Mitglieder. Was zählt, ist der Wille in das Leben der Gemeinschaft zu investieren. Es sollte geprüft werden, auf welche Weise die „Zugehörigkeit zur Gemeinschaft" wirklich wichtiger für die Kirchen werden kann, sodass sie Relevanz gewinnt für unsere Identität und Existenz in unseren jeweiligen Gesellschaften und auch weltweit. Diese Frage ist auch für den LWB von Bedeutung. Sind wir als Mitgliedskirchen willens, in das Leben des LWB zu investieren und ihn dadurch zu einer lebendigen Gemeinschaft in Zeugnis und Dienst zu machen? Wie stehen wir zusammen in schwierigen Zeiten und unterstützen einander, selbst wenn es hinsichtlich bestimmter Fragen Uneinigkeit unter uns gibt?

Das lutherische Erbe – Gabe und Herausforderung

Einer der Aspekte, der weiterer Untersuchung bedarf ist, wie wir uns als Kirchen innerhalb des LWB enger an die Hauptlehre der Reformation – die Rechtfertigungslehre – binden können, und unser Verständnis des Lebens der Kirche in der Welt und unseres gemeinsamen Weges.

Diese Herausforderung tritt deutlich zutage in *Die Kirche: Auf dem Weg zu einer gemeinsamen Vision*, einer Studie der Kommission für Glauben und Kirchenverfassung des Ökumenischen Rates der Kirchen[7], die gegenwärtig in vielen unserer Kirchen diskutiert wird. Es ist offensichtlich schwierig, die Frage zu klären, wie sich Übereinstimmungen in der Lehre tatsächlich auf die Art und Weise beziehen, wie unsere Kirche in den verschiedenen Kontexten der Welt zusammenleben. Dementsprechend ist das Dokument gewissermaßen zweigeteilt: Die Kapitel eins bis drei behandeln Lehrfragen, Kapitel vier das Leben der Kirche in der Welt. Die traditionelle Diskussion über die Beziehung zwischen den Bewegungen für „Glauben und Kirchenverfassung" und „Praktisches Christentum" ist immer noch nicht abgeschlossen – weder im ÖRK noch in der lutherischen Kirchengemeinschaft, dem LWB. Lutheraner und Lutheranerinnen müssen sich jedoch mit dieser Differenz auseinandersetzen, eben aufgrund der tiefgehenden Diskussionen, die über einige unserer Hauptlehren, wie die Rechtfertigungslehre und

[7] Die Kirche: Auf dem Weg zu einer gemeinsamen Vision, Studie der Kommission für Glauben und Kirchenverfassung Nr. 214 (Genf: WCC Publications, 2013), unter https://www.oikoumene.org/de/resources/documents/commissions/faith-and-order/i-unity-the-church-and-its-mission/the-church-towards-a-common-vision?set_language=de.

die Zwei-Reiche-Lehre, stattgefunden haben. Ich bin von der Notwendigkeit dieser Lehren für die Reform und Reformation der mittelalterlichen Kirche überzeugt. Ich halte es auch für notwendig, auf die Kontextualität der reformatorischen Lehre hinzuweisen und sie im Lichte einer weiteren biblischen Perspektive und von 2000 Jahren der Kirchengeschichte weiterzuentwickeln, um eine reduktionistische und fundamentalistische Lesart der lutherischen Bekenntnisschriften zu vermeiden.

Wenn man einige der LWB-Dokumente gründlich liest, erkannt man, dass dort großer Nachdruck auf die Verantwortung der Kirche für Zeugnis und Dienst an der Welt gelegt wird. Nichtsdestotrotz scheint es, dass der besondere Nachdruck, der auf die Hauptbotschaft der Reformation gelegt wird, manchmal eine umfassendere Lektüre und ein breiteres Verständnis unserer eigenen Ekklesiologie beeinträchtigt. Der Nachdruck, der auf die Rechtfertigung, als des Artikels mit dem die Kirche steht und fällt (*justificatio est articulus stantis et cadentis ecclesiae*[8]) gelegt wird, bestimmt unsere Identität, obwohl uns der Dialog zwischen der römisch-katholischen Kirche und dem LWB und andere ökumenische Dialoge sehr viel weiter gebracht haben bei der Entwicklung eines umfassenderen Verständnisses der Lehre. Trotzdem fordert uns die grundlegende Differenz zwischen Rechtfertigung und Heiligung, so wesentlich sie war während der Reformation und seither immer gewesen ist, auch heraus, wenn wir versuchen eine ganzheitlichere Ekklesiologie zu entwickeln, in der Glauben und Leben der Kirche voll integriert sind.

Für die Zunahme der ekklesialen Dichte kommt es meiner Meinung nach sehr auf die Fähigkeit an, die Erklärung und Verwirklichung von Kirchengemeinschaft, die Rechtfertigungslehre und die Lehre der Heiligung, den Glauben und das Leben der Kirche, zusammenzuhalten.

Die Kirchengemeinschaft nimmt an „ekklesialer Dichte“ zu, wenn Kirchen zusammenstehen in Zeugnis und Dienst, auch in schwierigen Situationen.

Schlussbemerkung

Ich erinnere mich an einen bemerkenswerten Augenblick während eines der Treffen der Gemeinsamen lutherisch-orthodoxen Kommission, als den Mitgliedern der orthodoxen Delegation, die die Kirchlichkeit der Kirchen innerhalb des LWB infrage stellten, plötzlich klar wurde, dass der LWB

---

[8] WA 40/3.352.3, „*quia isto articulo stante stat Ecclesia, ruente ruit Ecclesia*“ [Wenn nämlich dieser Artikel [der Rechtfertigung] steht, steht die Kirche, wenn er fällt, fällt die Kirche].

sich selbst als eine Kirchengemeinschaft versteht und nicht als Verband oder Föderation, und das dies Kanzel- und Abendmahlsgemeinschaft mit einschließt. Die Kanzel- und Abendmahlsgemeinschaft verweist auf die grundlegenden Identitätsmerkmale der Kirche, wie sie in der Confessio Augustana, Artikel VII, Von der Kirche, beschrieben werden.[9] Für die Orthodoxen bedeutete es einen Unterschied, dass die Dialogpartner nicht nur einfach Vertreter einzelner, der lutherischen Tradition angehörender Kirchen waren, sondern von Kirchen, die in voller Kirchengemeinschaft miteinander standen, ihre Ämter gegenseitig anerkannten und Teilhabe an der Feier der Sakramente und der Verkündigung hatten. Selbst wenn wir nicht eine Kirche sind, sind wir doch mehr als einfach nur Kirchen, die nebeneinander her leben. Es gibt eine Art von „Kirchlichkeit" oder „ekklesialer Dichte", die damit zusammenhängt, dass wir eine Kirchengemeinschaft sind.

Vielleicht müssen wir noch besser verdeutlichen, wie die Gabe, eine Kirchengemeinschaft zu sein, in unserem gemeinsamen Leben in der Welt noch sichtbarer werden kann durch unsere gemeinsame, ganzheitliche Mission. Ein Verständnis von *diakonia* als Wesensmerkmal der Kirche könnte hilfreich sein bei dieser Suche nach einer vertieften Erfahrung von Kirchengemeinschaft und ihrer Verwirklichung im Leben.

[9] „Die Kirche aber ist die Versammlung der Heiligen, in der das Evangelium rein gelehrt wird und die Sakramente recht verwaltet werden. Und zur wahren Einheit der Kirche ist es genug, dass man übereinstimme in der Lehre des Evangeliums und in der Verwaltung der Sakramente." Augsburger Bekenntnis, Artikel VII: Von der Kirche, Übersetzung des lateinischen Textes, in: Das Augsburger Bekenntnis, hg. von Heinrich Bornkamm, Hamburg 1965, 19.

Anhang: Botschaft der Internationalen Konferenz des Lutherischen Weltbundes

„Globale Perspektiven auf die Reformation: Wechselwirkungen zwischen Theologie, Politik und Wirtschaft“

28. Oktober – 1. November 2015 Windhuk, Namibia

Auf dieser Konferenz haben wir die Beziehungen zwischen Theologie, Politik und Wirtschaft erörtert. Diese Botschaft greift gemeinsame Themen auf, die in unseren Gesprächen auftauchten. Ein Kerngedanke ist, dass alle drei – Theologie, Politik und Wirtschaft – das Potenzial haben für den gesellschaftlichen Wandel hin zu einer Welt des Lebens in Fülle für alle (Joh 10,10).

Wir haben uns damit auseinandergesetzt, wie die Beziehung zwischen diesen drei sein sollte. Wir stimmten darin überein, dass der lutherischen Tradition gemäß alle drei Gottes Zielen dienen sollten. Für Luther waren Wirtschaft und Politik eigentlich theologische Felder. Menschliche Fehlbarkeit verhindert stets, dass unsere Bemühungen um gesellschaftlichen Wandel vollkommen sind.

Wir haben vier Hauptmerkmale einer transformativen Theologie herausgearbeitet, die von politischen und wirtschaftlichen Gegebenheiten bestimmt sind und diese bestimmen:

- Kontextuell:
  - Unterschiedliche Weisen, auf Gottes Wort zu hören;
  - Unterschiedliche Weisen, sich auf Gottes Gegenwart einzulassen;
  - Unterschiedliche Weisen, über die verschiedenen Bedürfnisse rund um den Globus nachzudenken und auf sie einzugehen;
  - Unterschiedliche Weisen, mit anderen religiösen Traditionen umzugehen.

- Kritisch:
  - Gewissheiten infrage stellen - durch Gedanken, Wort und Aktion;
  - Herausfordern von Machtzentren, von Strukturen der Ungerechtigkeit und von Bestrebungen, den öffentlichen Raum abzuschaffen, oder Menschen davon auszuschließen, in ihm ihre Stimme zu erheben - durch Gedanken, Wort und Aktion;
  - Die eigenen Grenzen, Vorurteile und Eigeninteressen erkennen - durch Gedanken, Wort und Aktion.

- Kreativ:
  - Mut, Dinge neu zu denken;
  - Tieferes Verständnis Gottes und von Gottes Willen;
  - Weiterführung der dynamischen Entwicklung liturgischer Materialien und biblischer Hermeneutik;
  - Praktische Lösungen und alternative Ansätze;
  - Kapazitätsaufbau, um Theologie, Politik und Wirtschaft zusammenzuführen für den gesellschaftlichen Wandel.

- Konkret:
  - Die Stimme erheben und tätig werden gegen Ungerechtigkeit wie z.B. wirtschaftliche Ungerechtigkeit, Gender- und Klima-Ungerechtigkeit;
  - Strukturen, politische Grundsätze und Praktiken reformieren;
  - Unterstützung gewähren, in Bildung und einnehmende Führung investieren;
  - Veränderung von Lehrplänen in der theologischen Bildung, sodass Pastoren und Laien befähigt werden, aus einer Glaubensperspektive heraus sich in politischen und wirtschaftlichen Bereichen für Gerechtigkeit einzusetzen.

In ihrer Gesamtheit ermöglichen es diese vier Merkmale der Theologie, zum gesellschaftlichen Wandel beizutragen. Kontextsensitivität führt zu der Erkenntnis, dass es notwendig ist, die eigenen verallgemeinernden Annahmen und den Kontext kritisch zu hinterfragen. Kritische Reflexion zeigt auf, dass es notwendig ist, gewisse Machtdynamiken zu beseitigen, was die Entwicklung von Kreativität ermutigt, die wiederum zu konkreten Handlungen führt.

Transformative Theologie erfordert und ermöglicht es, mit neuen Augen zu sehen und die Wahrheit zu sagen über die Wirklichkeit, der wir gegenüberstehen. Diese neue Sicht wird ermöglicht durch die Kirchengemeinschaft und die Unterschiede, die in ihr bestehen; tiefe, vertrauensvolle Beziehungen innerhalb der Gemeinschaft ermöglichen es uns, die

Wirklichkeit mit den Augen anderer zu sehen. Wir sind deshalb zutiefst dankbar für die Unterschiede unter uns. Genau so funktioniert eine Gemeinschaft, und genau das ist Gemeinschaft.

Diese Überlegungen beinhalten Vorschläge zu den Aufgaben der weitergehenden Reise der Reformation.

1. Der LWB (Gemeinschaftsbüro und Mitgliedskirchen) wird unter seinen Mitgliedern Kapazität dafür aufbauen, Politik, Wirtschaft und Theologie zusammenzuführen im Dienst eines gesellschaftlichen Wandels im Sinne von Gottes Vision eines Lebens in Fülle für alle.

2. Der LWB wird die Kirchengemeinschaft so gestalten, dass sich die Mitgliedskirchen untereinander darüber austauschen können, wie sie die öffentliche Rolle der Theologie verstehen und praktizieren, und wird kontinuierlich Orientierung für die Praxis einer öffentlichen Theologie anbieten.

Reformationstag 2015
Windhuk, Namibia

Autoren und Autorinnen

Cardoso, Nancy, Pfarrerin Dr., ist eine methodistische Pfarrerin und Mitarbeiterin im ökumenischen pastoralen Landausschuss mit Sitz in Porto Alegre, Brasilien

Dietrich, Stephanie, Pfarrerin Dr., Professorin, Fakultät für Theologie, Diakonie und Leadership Studies, VID Specialized University, Oslo, Norwegen

Fabiny, Tamás, Pfarrer Dr., Bischof der Evangelisch-Lutherischen Kirche in Ungarn, Budapest, Ungarn

Hallamaa, Jaana, Pfarrerin Dr., Professorin für Sozialethik an der Theologischen Fakultät der Universität Helsinki, Finnland

Hansen, Guillermo, Dr., Professor und Martin Luther King Jr. Chair for Justice and Christian Community, Luther Seminary, St Paul, MN, USA

Hintikka, Kaisamari, Pfarrerin Dr., Assistierende Generalsekretärin für Ökumenische Angelegenheiten und Direktorin, Abteilung für Theologie und Öffentliches Zeugnis, Lutherischer Weltbund, Genf, Schweiz

Jackelén, Antje, Dr., Erzbischöfin von Uppsala und Primas der Schwedischen Kirche, Uppsala, Schweden

Junge, Martin, Pfarrer Dr., Generalsekretär, Lutherischer Weltbund, Genf, Schweiz

Merenlahti, Petri, Dr., Theologischer Berater des Erzbischofs von Turku und Finnland, Finnland

Mtata, Kenneth, Pfarrer Dr., Generalsekretär, Kirchenrat von Simbabwe, Harare, Simbabwe

Oberdorfer, Bernd, Dr., Professor für Systematische Theologie, Universität Augsburg, Deutschland

Philip, Mary (Joy), Dr., Assistenz-Professorin, Lutheran Global Theology and Mission, Waterloo Lutheran Seminary, Wilfrid Laurier University, Waterloo, ON, Kanada

Roth, John D., Dr., Professor für Geschichte am Goshen College, Direktor des Institute for the Study of Global Anabaptism und Herausgeber der The Mennonite Quarterly Review, Goshen, Indiana, USA

West, Gerald O., Dr., Seniorprofessor, School of Religion, Philosophy, and Classics, Universität von KwaZulu-Natal, Südafrika